デザインセクションに見る
創造的マネージメントの要諦

山岡 俊樹 編著

KAIBUNDO

まえがき

　この本の執筆者のベースになったのはデザインマネージメント研究会のメンバーである．さらに，メンバーの他に何人かの方にお願いをしてこの本が完成した．

　本書はデザイン系部門を取り上げているが，デザイン系セクションやデザイナーだけのものではない．21世紀では創造性が企業のいちばんの武器になるという視点から重要となるデザイン部門に関するマネージメントについて書かれているが，デザイン系セクションのマネージメントが他の部門の方々のマネージメントにも参考になるという考えで本書は企画されている．

　ドラッカーは，20世紀は製造業において肉体労働の生産性を50倍に引き上げ，21世紀では知識労働の生産性を同様に上げることだと言っている[1]．また，今後のマネージメントは技術とその用途を基盤にするのではなく，顧客に視点を絞って行えとも言っている[2]．これはハードウエア優先でなく，顧客のニーズにウエイトを置いて製品開発せよという意味と捉えることもできる．生活が豊かになった21世紀では，このような状況からユーザーニーズに立脚したモノ作りは当然であるが，なかなかこの方向にベクトルを切れない企業が多い．その理由は下記の通りである．

1. 従業員の守備範囲が狭い
　　技術一筋何十年の人に製品企画せよと言っても難しい．
2. 企画やデザインなどの活動は進むべき方向を示すレールが引かれていない
　　技術の世界だとだいたい予測がつくが（たとえば，製品の本体を小さくするとか，軽くするとか），企画やデザインなどのユーザーニーズに基づく曖昧な方法ではリスクが多すぎるとの考え方．
3. 企画やデザインなどは企業の総力戦体制が必要となる
　　マネージメント力のない企業ではこの総力戦体制を取りにくいので，わかりやすい技術に傾注しがちである．

もちろん，技術力は必要で製品開発の重要なポジションを占めていくが，それだけではない．現に，技術力を誇示していた企業よりもマネージメント力のある企業が勝ち組みになっているようである．つまり，企業の理念を示し，組織を構築し，どのように人を活用していくのか――これらの仕組みについて経営学ではいろいろな方法が提唱されている．これらの方法を俯瞰してみると，共通している要素がシステム設計[3]であることに気がつく．ここで言うシステム設計とは，システム（製品）の目的を決め，コンセプトを構築し，システム設計と評価を行うプロセスを通してシステム（製品）を構築する方法である．しかし，この単純なプロセスを欠いている企業が多い．たとえば，製品の目的を明確に決めていない，あるいは企業で言えば理念を決めているが従業員にそれを徹底させていないなど．そのため，企業理念を知らず間違ったディレクションを行ってしまうなど最近の企業の不祥事を見てもわかる．製品開発でも，コンセプトを厳密に決めずに，出たとこ勝負の製品開発で開発時間が非常に長くかかったとか，ユーザニーズとはかけ離れたエンジニアのみが満足する製品開発をしてしまったとか．その事例には事欠かない．このような失敗をなくすのがシステム思考であり，何事においても必要であると考えている．

　このようなことを考慮して本書を読んでいただくと，理解が促進されると思う．本書は，前半の理論編と後半の応用編に分かれている．理論編では基本的な考え方や知っておいてほしい情報などが紹介されている．応用編では実際の企業でのマネージメント例が紹介されている．ここで紹介されている企業での定量的マネージメントは，営業や技術などの他部門でも活用できる実用的な方法である．ぜひとも参考にしてほしい．

　最後に，本書の執筆者と出版を快諾していただいた海文堂出版ならびに編集の岩本さんに厚く感謝を申し上げたい．

著者を代表して
山岡俊樹

【参考文献】
　[1] P. F. ドラッカー（上田惇生訳）：明日を支配するもの，p.160，ダイヤモンド社，1999.
　[2] 同上，p.33.
　[3] 山岡俊樹：ヒューマンデザインテクノロジー入門，森北出版，2003.

目　次

理　論　編

第1章　デザイン部門の創造的マネージメント ……………………… 3
　　［1.1］デザインを取り巻く環境の変化　5
　　［1.2］デザインの領域拡大　8
　　［1.3］企業経営の視点からデザインマネージメントを考える　10
　　［1.4］デザインの機能からデザインマネージメントを考える　12
　　［1.5］デザインの組織からデザインマネージメントを考える　18
　　［1.6］人材育成を考える　21

第2章　マネージメント論とブランド論 ……………………………… 29
　　［2.1］マネージメント論　29
　　［2.2］ブランド論　35

第3章　戦略的デザインマネージメントの課題と方法論 …………… 51
　　［3.1］商品レベルの「デザイン戦略」から
　　　　　経営トップ主導の「戦略的デザイン」へ　51
　　［3.2］戦略的デザインマネージメントのための概念モデル　57
　　［3.3］「戦略的デザイン」に向けての
　　　　　3大強化策とマネージメントツール　60

第4章　知財マネージメントの重要性 ………………………………… 77
　　［4.1］デザインに関係する知的財産権　77
　　［4.2］デザイン創造サイクル　78
　　［4.3］開発・権利化段階におけるデザイン知財のマネージメント　80
　　［4.4］権利活用段階におけるデザイン知財のマネージメント　87
　　［4.5］海外におけるデザイン知財のマネージメント　94

応用編

第5章 クリエイティブな活動の成果評価 99

[5.1] 評価について　*99*
[5.2] 目標管理と成果評価システムの確立　*100*
[5.3] 評価システムの構成　*102*
[5.4] デザイナーの評価システムの実践　*104*
[5.5] 評価システムの応用　*115*
[5.6] まとめ　*118*

コラム：先行開発組織を創るときの落とし穴　*120*

第6章 デザインの効用 121

[6.1] 中小企業における新製品開発は
　　　ひとつ詰めを誤れば企業の命取りになる　*121*
[6.2] 社内改革は「温故知新」から始まる　*129*

第7章 ユーザーエクスペリエンスを考慮したデザインマネージメント .. 139

[7.1] IBMのデザインマネージメント　*139*
[7.2] 日本IBMのUEデザインセンターのアプローチ　*143*
[7.3] 日本IBMのUEデザインセンターのマネージメント　*146*

コラム：ネット社会におけるデザインマネージメント　*158*

第8章 機能分社とデザインマネージメント 159

[8.1] デザインの機能　*159*
[8.2] デザインマネージメント　*163*

第9章 ユニバーサルデザインの推進活動 173

[9.1] オムロンのデザイン機能　*173*
[9.2] ユニバーサルデザインの概要　*174*
[9.3] オムロンにおけるユニバーサルデザイン　*176*
[9.4] ユニバーサルデザインの取り組み事例　*179*

［9.5］企業の社会的責任としてのユニバーサルデザイン　*184*

　コラム：デザイナー資質考　*186*

第10章　グローバルデザインにおけるコラボレーション *187*

［10.1］グローバルデザインの現状　*187*
［10.2］デザインとマネージメントの実践　*199*
［10.3］今後の課題と展望　*205*

索引　*207*

理論編

デザイン部門の創造的マネージメント
マネージメント論とブランド論
戦略的デザインマネージメントの課題と方法論
知財マネージメントの重要性

1 デザイン部門の創造的マネージメント

山岡俊樹

　21世紀では，機能やコストだけでなく総合的な視点から人間中心のモノづくり（ISO 13407などの制定）が必要とされ，その有力なツールであるデザインの役割が期待されている。それはデザインというホリスティック（全体的）で有機的な見方ができるためである。デザインとは単に色や形を構築することではなく，このようなホリスティックで有機的な見方をベースに可視化を行うことである。可視化はなにもすべて形やイメージに具現化することだけではなく，抽象概念を具体的な言葉（あるいはその逆）やアルゴリズムにまとめることなども包含される。これはシステム設計に他ならない。

　従来，デザイナーのノウハウは暗黙知化され，決して共有化されてこなかった。しかし，デザインという無から有を生む作業は，システム設計とほとんど同じであり，ほとんどのデザイナーはこの論理的作業を意識することなくデザイン作業を行っている。デザイン部門は，デザイナーの暗黙知や論理思考を外在化し，部門の財産としなければならない。

　また，従来，モノや人間−機械系の関係をデザインする場合が多かったが，21

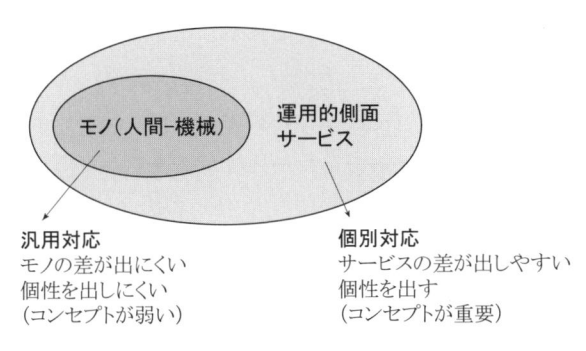

図 1.1　モノと運用的側面・サービスの関係

世紀ではモノや人間–機械系の運用的側面やサービスが重要なウエイトを占めるようになる（図1.1）。デザイン部門はこの分野を推進できる体制を整える必要がある。たとえば，建築分野のファシリティマネージメントやソリューションビジネスなどがあるが，もっと身近な例ではコンピュータの顧客サポートがある。

　本章では以上の認識から，デザイン部門のあるべき姿として下記の階層化された3つの基本的項目を考えている。

1. モノづくりにおける役割として，技術系，営業系と人間科学系の3大部門を考える。デザイン部門は人間科学系部門の中核的存在で，顧客満足を行う。
2. デザイン部門は人間科学系の中で，顧客満足のために人間中心設計，ユニバーサルデザインやサービスを実現させる。
3. 人間中心設計，ユニバーサルデザインやサービスの実現のため，フレキシブルでゲゼルシャフト（機能組織）の運営体にする。

上記の3項目を満たすために必要とされる人材は下記の通りである。

1. 人間中心設計やユニバーサルデザインやサービスを実現するため，デザイン部門には多様な高度の専門性を持った人材が必要であり，彼らとデザイナーとのコラボレーションが必要である。
2. デザイン業務の「考える作業」と「実行する作業」の分業化に対応できるマネージメント力が必要。とくに，これからのデザイン部門の発展を考えると，論理思考のできる，「考える作業」に力点を置いたデザイナーが必要とされる。
3. ヒューマンキャピタル（p.21参照）の視点から，創造性がベースにあり複数の専門領域と幅広い知識を持つ人材が必要である。その結果として数々の情報から重要な情報を感知し，それらを統合して新しい価値（生活提案やシステム提案など）の生成が可能となる。このようなマルチタレントを持ったデザイナーが必要である。その領域は，人間工学や認知科学など人間科学系学問＋デザイン，マーケットリサーチ＋デザイン，経営学＋デザイン，コンピュータサイエンス＋デザイン，建築＋デザイン，

機械工学＋デザイン，統計＋デザインなど，いろいろ考えられる．もちろん，3つ以上あれば言うことはない．

上記の方針の下，以下の各節にて詳説する．

1.1 デザインを取り巻く環境の変化

デザインを取り巻く環境は，ここ10年で激変している．デザイン作業のコンピュータ化，CAD・CAM化が起こり，ユニバーサルデザイン，エコデザインや人間中心設計など，検討すべき項目が非常に多くなっている．これらの動きの根底にユーザに対するサービスの概念が存在するのがわかる．

デザインプロセスは50年前とほとんど変わっていないが，人間優先のモノづくりの流れからユニバーサルデザインが企業戦略上，重要なウエイトを占めるものと予測される．このような状況に，デザイン作業は否応なく対応しなければならない．

(1) モノづくりにユーザリクワイアメントのウエイトが高まってきている

デザインマネージメントを考える前に，現在のデザイン界に影響を与える潮流について考えてみよう．モノづくりの歴史を，ハードリクワイアメント（リクワイアメントとは要求事項のことで，機能などのハード面の要求事項をいう）とユーザリクワイアメント（デザインとか使い勝手などのユーザ側の要求事項）の2つの側面から考察すると，ある1つの重要な事実に気がつく．それはリクワイアメントのウエイトがハード面からユーザ面にシフトしていることである．戦前の製品はハードリクワイアメントの側面を満足していればよく，ユーザリクワイアメントはあまり検討されていなかった．たとえば当時の扇風機を見ると，風を起こすというハードリクワイアメントは満足しているが，本体が鋳物で重く，電源スイッチも回転式で使い勝手が悪く，しかもガードが荒いので指を切る危険性があった．しかし，戦後，工業デザインが導入され，ユーザリクワイアメントのウエイトが徐々に高くなっていった．1980年代後半から情報のデザインが発生し，1990年代ではエコデザイン，PL（Product Liability），CS（Customer Satisfaction：顧客満足）やユニバーサルデザインがデザインに絡む重要な要素として浮上してきた．さらに，2000年には人間中心設計（ISO 13407）がJIS

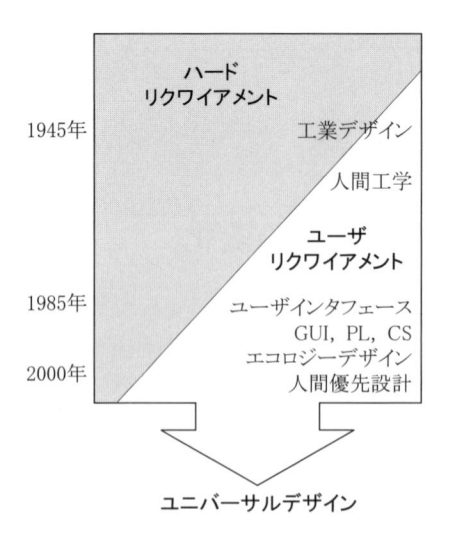

図 1.2
モノづくりにおけるユーザリクワイアメントのウエイトの増加

図中ラベル：
- ハードリクワイアメント
- 1945年　工業デザイン
- 人間工学
- ユーザリクワイアメント
- 1985年　ユーザインタフェース　GUI, PL, CS
- 2000年　エコロジーデザイン　人間優先設計
- → ユニバーサルデザイン

化（JIS Z8530：インタラクティブシステムの人間中心設計プロセス）され，ますますユーザリクワイアメントのウエイトが増加してきた。この潮流の中核が人間中心設計であり，ユニバーサルデザインであろう（図1.2）。

（2）ユニバーサルデザインの重要性が高まってきている

　ユニバーサルデザインは従来のデザインの枠組みを変える大きなベクトルとして捉えることができる。従来も，このユニバーサルデザインの視点がなかったわけではないが，ユニバーサルデザインが大きな社会のムーブメントとなっている現在では，状況がまったく異なっている。数社がユニバーサルデザインに全社レベルで取り組んでいるが，今後この種の企業が増えるものと予想される。ユニバーサルデザインが注目される理由は，これが単なるデザイン上のスキルや運動ではなく，その企業の理念が問われる活動として位置づけられるためである。そして，ユニバーサルデザインに対応できる企業こそが21世紀を生き残る企業であろう。その理由は以下の通りである。

1. 図1.2で示したように，21世紀は技術主導型の製品開発ではなく，企画主導型あるいはユーザニーズ主導型製品開発方法が重要になってくる。このユーザニーズ主導型製品開発の1つがユニバーサルデザインである。

2. ユニバーサルデザインを活用するには，企業としてマネージメント力がないと実現が困難である。ユニバーサルデザインは，デザインだけでなく技術部門や営業部門，さらには総務系の部門など，全社を挙げて取り組まねばならないテーマだからである。したがって，マネージメント力がない，あるいは不足すると，推進が円滑に進まない。マネージメント力こそが21世紀を生き残る企業の源泉である。技術力ではない。技術力のみを誇示する企業のほとんどが企業競争から脱落している状況を考えると，マネージメント力の重要性がわかる。

ユニバーサルデザインの重要性は，家電などのように多様なユーザに使われる機器ばかりでなく，機能主導型製品や感性主導型製品でも同様であり，製品開発の必要十分条件と理解すべきである。

(3) ユーザに対するサービスが重要となる

生活が豊かになり，モノづくりの主導権が生産者側から顧客側にシフトしている。また，その流れから，モノ自体ではなく，それにかかわるサービスが重要になっている。モノは充足し，それを運用するサービス面が十分でないため，あるいは生活上の必要性から，この側面のウエイトが高くなっているのである。モノにサービスを統合して，あるいはサービスを主にして，新しいビジネスモデルが続々と構築されている。モノ（あるいは人間−機械系）では汎用的側面が強く価格競争となりやすいが，それらの運用的側面やサービスでは個別的要素が強く，この個別的要素が儲かる新しいビジネスモデルとなっている（図1.1）。たとえば，ファシリティマネージメント，ソリューションビジネスや介護・福祉サービスがいい例だろう。前述したユニバーサルデザインは主にモノにかかわるデザイン要件であるが，サービスの一環として捉えることもできる。ユニバーサルデザインを実践する際，モノだけの世界での解決は困難なため，人間のサポートが必要である。これらの助け合いも人間同士のサービスとして捉えることができる。

ところが，実際，サービス業と言われている世界で，完全に対応できているのはごくわずかだろう。JRのみどりの窓口では，お客が延々と並んで待っていても，閉まっている窓口がある。それでもお客は文句も言わず耐えている。新幹線の自動券売機では，お客が最も多い休日に機械のメンテナンスが行われ，使

用不可となっている例もあった．ニューヨークにある中クラスのホテルで，コンシェルジェがいるにもかかわらず，要望したことを行ってくれず，電話でメンテナンスの担当者に頼むとパーツを持ってきてくれたのはいいが，汚れていて，洗って使用したこともあった．このようにサービスには企業なり組織体の総合力が必要とされ，その質はマネージメント能力に左右される．宿泊費が極めて廉価なホテルでも，マネージメント能力があると，ハード面は悪いが総合的に快適に過ごすことができる．

　このようなサービスの世界を構築するのもデザインワークの1つとして捉えることができる．サービスという見えない世界のシステム設計を行うのである．サービスを取りまとめるのに必要とされるのは，創造性がありシステム構築能力に富んだ人材であろう．これに適合するデザイン系の人材は多いので，デザインの新しい領域として今後，積極的にアプローチすべきであろう．

1.2　デザインの領域拡大

　デザインの持つ機能や効用は21世紀に花開くだろう．形・色の世界に留まるのでなく，デザイナーの持つ豊かな発想力や有機的なモノをまとめ上げる統合力は，論理的思考と方法論を得て開花するのである．

(1) デザインは人間中心設計を実現させる総合的な創造活動である

　デザインとは，単に製品イメージの可視化のみを行う作業ではなく，企業の理念，システム，製品のコンセプトや消費者のニーズの具現化などを通してシステム構築を行う総合的な創造活動である．ここでいうシステムとは狭い工学的な意味ではなく，より広い意味で使っている．たとえば，家庭やオフィスでの生活システムの提案，旅行などの非日常の生活システムの提案などである．ケイタイを例にとると，友人や家族とのコミュニケーションが深まり，新たな生活システムのスタイルが作られ，20年前の生活とは全然違う生活スタイルとなっている．

　デザインは，あるいはモノづくりにおいて，「技術の設計」に対する「人間系の設計」とも解釈することができる．20世紀では主に技術優先のモノづくりであったが，21世紀は人間優先設計思想に基づいて広い意味の創造的（デザイン）

活動をマネージメントできる企業が主導権をとる世紀であると考えている。

　デザイン，建築などのマネージメントは扱う創造性のウエイトが強く，技術系のマネージメントと比べて抽象的で難しく，経営者はそのコントロールを専門家にまかせてきたきらいがある。デザインという製品や企業の質を高める宝を一部の専門家だけにまかせるのではなく，企業共有の財産として考えていかねばならない。この企業共有の財産を効率よく運用するのがデザインマネージメントである。

(2) デザインマネージメントはデザインを経営活動の一環にするための活動である

　本章では，デザインマネージメント（Design Management）を「創造的デザインを創出するために，ヒト，モノ，カネを活用して，デザインの機能，組織（会社，デザイン部門，他），業務システムの検討や構築，人材育成などを行う経営にかかわる活動である」と定義する。デザインマネージメントでは具体的に下記の主要検討項目がある。

1. 企業経営の視点から考える
   企業経営の視点から，デザインをどのように活用するのか
2. デザインの機能から考える
   デザインの機能の再定義を行い，経営にどのように貢献できるのか
   新しい時代にふさわしいデザイン業務のあり方
3. デザインの組織から考える
   新しい時代にふさわしいデザイン組織，またデザイン組織の位置づけ
4. 人材育成
   新しい時代にふさわしいデザイナーの育成

1.3節から，この分類に従って，あるべき創造的デザインマネージメントについて詳説する。

(3) 論理力を高める

　従来のような個人の感性に依存したデザインの方法では，組織としてノウハウや情報を共有するためのデータベースの構築が困難となり，組織の強さを発

揮することができない．論理力を高めることは，部門およびデザイナー個人にとって必要である．

1. 部門として論理力を高める

　　部門の方針の明確化，デザインした製品の多面的分析（販売動向，使い勝手，デザインの評価など）やデザインのデータベース構築などにより，経営トップや事業部門さらには顧客に対し，部門として論理的に対応できる体制を築く．部門としての方針が明確でなく，やっつけ仕事や自転車操業的業務運営を行うと，部門の信頼感は揺らいでしまうだろう．システム的な運営を心がけるべきである．

2. 個人としても論理力を高める

　　プレゼンテーションのとき論理的に筋道を立てて説明する能力は必須である．論理的な説明は，論理的なデザインプロセスの実現によって可能となる．論理的なプロセスでデザインを行えば，完成したデザインに対する疑問などが出された際，プロセスの流れに沿って論理的に回答できる．実際のデザインプロセスでは，かなり属人的な方法であり，出たとこ勝負的な方法（やってみないとわからない）なので，後述するシステム設計的な方法を活用するとよい．もちろん，個人として幅広い教養が必要である．

1.3　企業経営の視点からデザインマネージメントを考える

デザインを企業経営の視点からどのように見ていけばよいのか検討を行う．デザインを経営資源とするからには，経営者は自分でデザインの方針などを述べる力量をつけなくてはならない．

（1）企業経営の視点から，デザインをどのように活用するのか

ドラッカー[1]は，製造業の肉体労働の生産性を50倍にしたのが20世紀であり，21世紀では知識労働の生産性を同様に上げることだと言っている．そして，21世紀における価値ある資産は，知識労働者と彼らの生産性を上げることであ

ると述べている。知識労働者へウエイトがシフトし，創造的付加価値の構築が重要となり，企画業務やデザイン業務がいままで以上に重要となることがわかる。

とくに，近年，ユニバーサルデザインが叫ばれ，一部の企業では先頭に立って社長，会長がその推進のために旗を振っている。しかし，ユニバーサルデザインと従来のデザインにそれほど違いがあるのだろうか？もちろん，ユニバーサルデザインでは多様なユーザを想定してデザインしなければならないが，従来のデザインでも高齢者などを考慮してデザインしていたはずである。従来のデザインと決定的に相違があるのは，ユニバーサルデザインではデザイン対象のユーザが見えるということである。視覚に頼れないユーザ，聴覚に頼れないユーザ，車椅子使用者などの多様なユーザ[2]が具体的に見えるのである。このような多様なユーザに対して，企業がどのように対応しているのかすぐにわかるというのが，ユニバーサルデザインが注目される原因である。ユニバーサルデザインだけでなく，エコデザイン，PL，CSや人間中心設計（ISO 13407）など，企業を取り巻く制約条件は増えている。こういう状況で，デザインを積極的に活用する企業のみが生き残っていくだろう。前述したように機器のハード系とソフト（ユーザ）系のウエイトは，民生機器ではソフト（ユーザ）系にシフトしており，ユーザを理解しないと製品開発ができない状況である。

経営最高責任者は，デザインは単に製品イメージを可視化するためのツールであるという認識ではなく，企業経営のリソースとして考える必要がある。このリソースについては後述するが，経営最高責任者は自社のデザイン方針を自分の口で話すことができなければならない。欧米のビジネススクールではデザインマネージメントの教育を行っており，自社のデザインについて話すことのできる経営最高責任者は多い。

（2）デザイン資産

ブランドが経営資産として注目を浴びているが，その構成要素であるデザインの資産についても企業は真剣に考えたほうがよい。戦略的にデザインの資産化を図るのである。この場合のデザインとは，形，色だけでなく，使いやすさ，デザインの信頼感を与える諸要素（カバーを開けるときの音や，スイッチを押すときの信頼感などの感性工学面の要素など），ユニバーサルデザイン対応やエコロジー対応など，製品の魅力度を高める要素全体をいう。

製品全部のデザインについて資産化できるわけではないので，ある特定の製品群に絞って行うのが普通であろう．この延長がブランド化になるのだが，そこまでいかなくとも，デザインにより製品の魅力度を高めるレベルでもよい．

この魅力度を定量的に計測して，売上にどの程度貢献したのか把握する．購入者にアンケートを行うことにより，ある程度のデザインの貢献度を求めることができる．この作業を継続的に行っていくことにより，その製品の価値の変遷がわかるので，貢献度の高い製品にはそれに対応したデザイナーの数を割り当てるとか，定量的なマネージメントが可能となる．もちろん，戦略的にデザイナーを増やしてデザインの貢献度を上げることも視野に入れるべきである．デザイン貢献度のいちばん簡単な算出方法は，数量化Ⅰ類か重回帰分析を行う．目的変数をある製品の売上金額や販売台数などとし，説明変数をその製品のデザイン（色，形），機能，使い勝手などとして，説明変数に対して5段階評価とか○（該当する），×（該当しない）の2段階評価を行う．取得したデータに対し，ユーザをライフスタイル別とか年代別などに分けて分析する．計算を行うと係数が出てくるので，この数値が高いほど貢献度が高いと解釈できる．現実問題，このような簡単なモデルが当てはまるわけではないが，ある程度の目安として十分通用する数値なので，社内で活用することができる．この方法を使って，製品の売上を決めている構成要素を特定することもできる．たとえば，コンピュータならば，処理速度，記憶容量，本体サイズ，表示画面のサイズやデザインなどのウエイトを算出することができる．とくにスペック（仕様）があまり変わらない製品に対して行うと，時系列的に重要要素の変遷を把握することができる．この場合，ユーザにアンケートをする必要がなく，過去の売上データと各製品のスペックを入手して，数量化Ⅰ類を使えば，データを得ることができる．

1.4　デザインの機能からデザインマネージメントを考える

デザインの機能を時代の趨勢に適合させるべく，再定義する必要がある．この再定義により，デザイン業務のあり方について述べる．とくに，デザインプロセスは50年前とほとんど変化がないので，より論理的な方法を確立させなければならない．

（1）デザインの機能を再定義し，デザインの効用を考える

　前述したが，デザインを「単に製品イメージの可視化のみを行う作業ではなく，企業の理念，システム，製品のコンセプトや消費者のニーズの具現化などを通してシステム構築を行う総合的な創造活動である」と定義する。デザインにより生活提案が行われ，新たな価値が生まれるのである。デザインを製品イメージの可視化ツールとするだけではなく，前述したように生活やコンセプト提案を推進するためにも，デザインの職域はシステム構築ができる領域まで拡充すべきである。システムと言っても，製品レベルだけでなく社会システムまで構築が可能な領域である。これは社会システムでの詳細な技術面にまで踏み込んだレベルではなく，いちばん重要なコンセプト構築のレベルであり，ソリューション提供業務ともつながっている。とくに，システムの運用レベルでの構築には，有機的思考力や統合力の優れたデザイン系人材が適材と考えている。

　製品レベルでの職域拡充は，形・色の提案から発展させて，本当に企画提案のできるレベルまで高める必要がある。社内でインハウスデザイナーによるデザインの展示会が開催されているが，造形の提案で留まっている例が多い。そうではなくて，実際にサーベイを行い，値付け，機能の特定，利益計画や販売ルートなどにも踏み込んで提案力を増す必要がある。デザイン部門が斬新なデザインを提案するのは当然であって，それができないのは部門のマネージメントが悪いというのは言いすぎであろうか。しかし，デザイン部門だけでは解決のつかない全社的な問題も確かにある。デザイン部門がいくら良い提案を行っても，それを受ける方に判断できる力や技術力がなければ絵に描いたもちで終わってしまう。そういった意味で，1.3節の(1)「企業経営の視点から，デザインをどのように活用するのか」に該当するが，全従業員のデザインマインドの醸成が必要となる。デザインマインドの醸成とは，モノに対する判断力の向上でもある。したがって，多様な従業員に対してデザインマインドの醸成を行うには，パンフレットの配布や教育などいろいろな手段があろうが，必要なことは執拗なその繰り返しである。

（2）新しい時代にふさわしいデザイン業務のあり方

　デザインを技術の設計に対する人間系の設計と位置づけると，その活動領域が明確になる。デザインの最終目的であるシステム構築の文脈に立脚して考え

ると，従来のリクワイアメント（要求事項）の可視化だけでなく，システム系のデザイン，人間系の研究業務や調査業務，製品やシステムの評価業務，提案業務，ソリューション業務および全社業務などが考えられる．下記にその詳細を示す．

1. 可視化業務（従来）：工業デザイン，パッケージデザイン，グラフィックデザイン，他
    従来の可視化を中心とした業務であるが，デザインのアウトプットをデザイナーの属性に一任したマネージメントから脱却すべきである．とくに，造形の場合，デザイナーの属性に依存したマネージメントを行っているので，システマティックな造形開発ができるようにしなければならない．過去の造形データからどのタイプの造形がユーザに好まれるとか，売れ行きに影響があるなどの多変量解析，データマイニングなどを活用して，データベースにする必要がある．このアルゴリズムがある程度機能しだすと，将来の造形の予測も可能となる．

2. システム系デザイン業務：ユーザインタフェースデザイン，ユニバーサルデザイン，エコロジーデザイン，他
    新しい領域で論理的ウエイトの高い業務である．IT時代を迎え，その重要性はますます高まっている．

3. 研究業務：人間工学研究，感性工学研究，認知研究などによる人間系の研究，多様なユーザの基礎データベース構築（生理，認知，身体など），システム系の研究，他
    魅力あるデザインや，わかりやすいユーザインタフェースデザインを実現するためには，デザインや使い勝手などの研究面での支援が必要である．デザインマネージメントの定量的評価方法の確立も重要なテーマである．

4. 調査業務：ユーザリクワイアメント抽出，ユーザ調査，他
    ユーザがどのようなニーズを持っているのか調査するのは，各種デザインを実施する上で非常に大事な作業である．

5. 評価業務：ユーザビリティ評価，ユニバーサルデザイン評価，他
    デザイン案が本当にコンセプトや仕様どおりにできているかチェックし

たり，ユーザに使ってもらい使いやすいかチェックする．後述するV＆V評価を行う．

6. 提案業務：商品提案（単なる形状提案ではなく，商品計画をも包含），コンセプト構築，他

   造形面のみの弱い提案ではなく，価格，販売方法・ルート，機能面などを詰めた即製品化できるレベルの強い提案を行う．

7. ソリューション業務：システム設計のユーザ部分，システム提案，コンセプト構築，システムの運用面の構築（マクロエルゴノミクス），他

   デザイン部門の挑戦すべき新しい業務領域である．また，この領域はエンジニアだけでは不可能であり，部門として戦略的に取り組んでいく必要がある．

8. 全社業務：ブランド戦略，CI，他

   比較的新しいデザイン領域であるが，デザイナーの持っている有機的統合力が活かせる領域でもある．

上記のいずれにせよ，必要な能力は有機的思考力である論理力である．

(3) デザインプロセスの再考[3]

現状のデザインプロセスでいちばん問題なのが，詰めの甘い数行程度のキーワードを製品あるいはデザインコンセプトと称し，デザインを闇雲に進めていることである．製品やデザインコンセプトが厳密でないので，あとあと試行錯誤を許すとか，デザイン項目がトレードオフの場合に判断がつかない，担当外の部門の責任者からの思いつきや個人体験の発言に対して反論できないなど，問題点が多い．

デザイン作業とシステム設計は無から有を生む作業なので，システム設計を準用すると前述した問題点をなくすことができる．現状のプロセスを変える最大のポイントは，コンセプトを厳密に決め，コンセプトの構成要素にウエイト付けを行い，構造化することである（図1.3）．たとえば，クリーナーの場合，その上位コンセプトを「静かで使いやすいクリーナー」とし，下位のコンセプトとして，1.モーター音が静かであること，2.小型・軽量，3.取っ手が持ちやすい，4.デザインがシンプル，にした場合

図 1.3
構造化コンセプト [7]

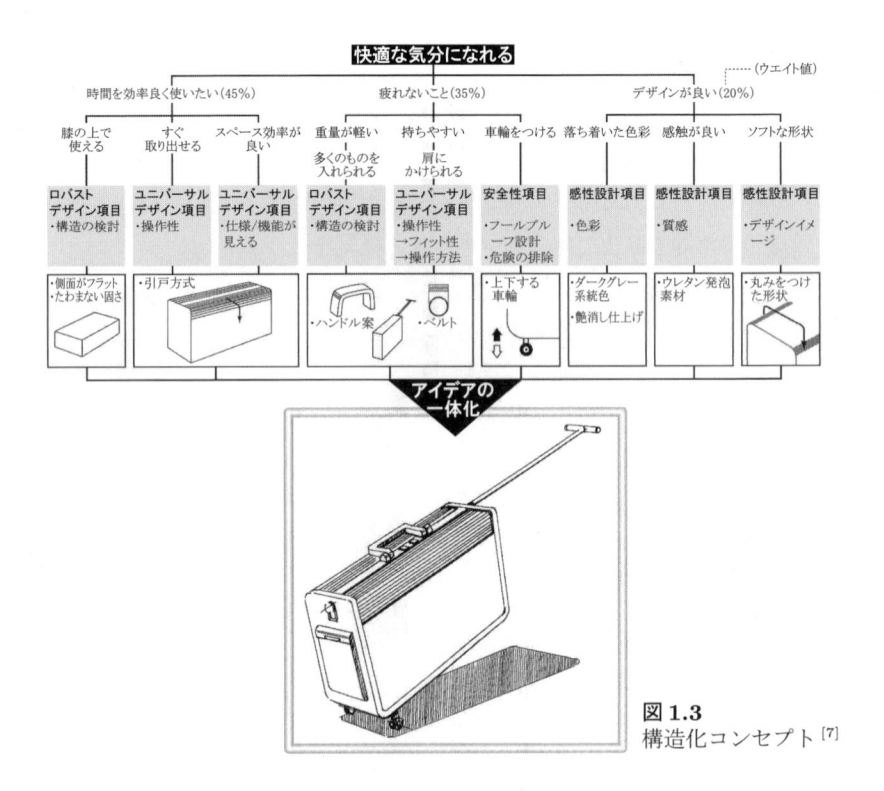

1. モーター音が静かであること：50％
2. 小型・軽量：20％
3. 取っ手が持ちやすい：20％
4. デザインがシンプル：10％

と

1. モーター音が静かであること：20％
2. 小型・軽量：60％
3. 取っ手が持ちやすい：10％
4. デザインがシンプル：10％

では，完成する製品はまるで異なるだろう。このようにコンセプト項目のウエイト付けは非常に大事である。しかし，現状ではこの作業はほとんど行われていないようだ。

次に大事なことは，デザイン案の評価である。評価には，設計図面や仕様書どおりにできているかチェックする検証（verification）と，システムや製品の目標を達成するための設計がなされているか確認する妥当性確認（validation）がある。これをV＆V評価[4]という。検証の場合，製品仕様と合っているかチェックしたり，製品コンセプトの各項目がデザイン案と対応しているか確認する。妥当性確認ではパフォーマンス（作業成績）や使いやすさの確認を行う。通常，コンセプトが甘いため検証はされていないので，おかしなこととなる。つまり，モニターに意見を聞く妥当性確認によってのみ評価されてしまい，製品の方針が捻じ曲げられることもある。たとえば，コスト優先で，デザインと使い勝手にウエイトを置いていないコンセプト（デザインと使い勝手にコストをかけられない）を考え，このコンセプトが曖昧なまま企画担当者間の合意になっているのだが文書化していない場合を考える。このコンセプトを知らないユーザビリティの専門家がモニターを使って一般的な評価（妥当性確認）を行い，もし使い勝手とデザインが悪いのでコストをかけて修正した方がよいという結論になった場合，コンセプトから離れた違う方向に導いてしまう危険性がある。

通常，まずコンセプトや仕様どおりにできているかチェックし，さらに一般的な評価により仕様やコンセプト項目がユーザの許容できるレベル以上にあるか確認する（図1.4）。さらに細かく，許容できないレベル（必ず修正する）と

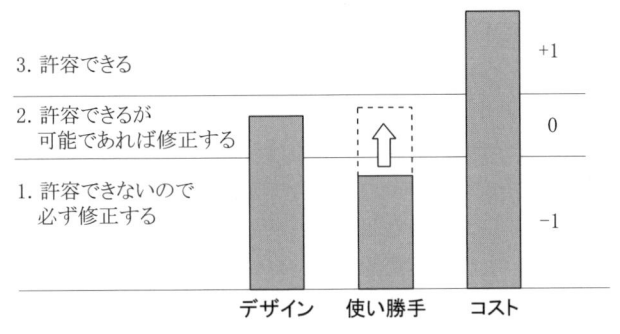

図1.4 コンセプト項目の許容レベル

許容できるレベル2段階（可能であれば修正する，問題なし），合計3段階で妥当性確認を行ってもよい．

1. 使い勝手上，問題がある（許容できないので，必ず修正する）
2. 使い勝手上，やや問題がある（許容できるが，可能であれば修正する）
3. 使い勝手上，問題はない（許容できる）

1.5 デザインの組織からデザインマネージメントを考える

　新しい時代には新しい組織が必要である．企画業務が重要になる時代に，イメージの可視化に特化した業務にこだわる必要はない．恐竜が絶滅したのは激変する環境に適応できなかったためである．企業あるいはその組織でもまったく同じである．可視化業務に特化するならば，数人の人間をディレクション要員として本社に残し，すべての業務をアウトソーシングしても，それほど滞りなく業務推進は可能であろう．

　企画業務の重要性，業務のグローバル化，実力主義，組織の効率的運営の観点から，組織に対する考え方を変えていかねばならない．

(1) ゲマインシャフトからゲゼルシャフトへの運営体の変革[5]

　ほとんどのデザインセクションはデザインの教育を受けたデザイナーで構成されている．こういう組織は得てして排他的となり，仲良しグループ的な組織となる可能性が高い．したがって，組織長は能力よりもメンバーと摩擦のない人柄の良い人物が選ばれる傾向がある．高度成長時代のように，デザインセクションに仕事が大量に依頼される時代ならば，部門全体の調和に気を配っていれば問題がなかった．しかし，実力主義時代を迎え，業務が変質（ハード系からソフト系へ）してくると，仲良しグループの長では厳しい決断ができず，新しい時代にふさわしい組織運営や業務の革新はなかなか困難である．

　組織の面では仲良しグループ（Gemeinschaft，ゲマインシャフト）から機能組織（Gesellschaft，ゲゼルシャフト）への変革が必要である．そして，当然ながらその長にはふさわしい逸材が選ばれるべきであろう．この変革は組織の年

功序列から実力主義への変化ともいえよう。機能組織にするためには，また業務の質を上げるためにも，後述する業務の分業化と組織統合の視点が必要である。

（2）状況に適応するフレキシブルな組織へ

　時代の変化が激しい状況において，組織は絶えず変革していかねばならない。旧態のままの組織では現状とギャップが生じてしまい，いろいろな問題が発生するだろう。組織では正解というものがないので，つねに摸索していくことが大事である。そして，そこからノウハウが生まれ，その企業独特の組織が醸成されるのである。

　デザインの役割が拡大していく状況で，造形を中核としたデザイン組織では，恐竜が環境に適応できなかったように対応が困難となろう。簡単に言えば，限定した役割しかこなせない組織に対して，企業として採算が合わないと判断を下される恐れがある。たとえば，製品の使い勝手が複雑になっている現在，ユーザビリティ評価を行って製品の競争力強化に貢献するとか，生活者の視点でユーザリクワイアメントを抽出するなど，すべきことは多数ある。これらの作業はデザイナーの片手間に行うのではなく，プロの仕事として独立させ，分業化する。これらの成果は企画やデザインに反映し，魅力ある製品づくりに貢献できる。これらの有益な業務に対して，人材がそろっていないなどと言って消極的になるのは，マネージャーのマネージメント能力がないと言っているにも等しい。人材がいなければ，社内外から探せばいいのだし，予算がないならば業務の有用性を説き，交渉して獲得するだけの話である。要は，デザイン組織を今後どうするという部門の方針，ビジョンが明確になっていないと行動を起こすことができない。

　組織も人体もシステムであるので，組織を人間の体を例に考えてみると，指令を出す脳の部分，指令を受けて情報を伝達する神経部分，および実際に活動する身体部位の3つに大まかに分けることができる。組織で言えば，脳が中枢部門，神経が情報伝達部分，身体各部が現場である。この組織をフレキシブルな状態にするには，情報伝達の階層化を極力避けることである。そのため，フラットな組織やプロジェクト制などが提案されているが，決定的なスタイルはない。ただ，言えることは，デザイン部門の階層をできるだけ浅くし，透明性を高め，意思決定の迅速化とコミュニケーションの円滑化を図り，後述する分

業化と部門の有機的な統合を図ることだろう。そして，絶対的に良い組織というものはないので，各デザイン部門で試行錯誤し，ノウハウを身につけ，独自の組織を作り上げていくことである。

(3) 人間科学部門の位置づけ

　デザイン部門は従来，研究所・技術系や営業系のグループに入れられているが，その存在感を上手く出せているのだろうか。研究所・技術系では，特許出願，学会発表，技術報告書などの成果を問われることもあるだろうし，営業系では，売るがためのデザインを強いられて，これもまた苦しいところである。どちらも，しっくりとこないのである。著者は研究所・技術系と営業系の中間に位置するグループとして，人間科学系の部門として位置づけるのがいちばん適切であると考えている（図1.5）。

　この人間科学部門の目標は，ユーザの視点や的確なコンセプトから魅力ある製品を生み出すことである。ユーザリクワイアメントの抽出，コンセプト構築，デザイン，評価といった製品開発の最上流部分を統合し，シナジー効果を狙う。業務としては，前述した拡大したデザイン業務（1.可視化業務，2.システム系デザイン業務，3.研究業務，4.調査業務，5.評価業務，6.提案業務，7.ソリューション業務，8.全社業務）と企画業務を中核にして，その周辺業務を含んだ内容である。これらの業務は製品開発の最上流に位置するので，21世紀におけるモノづくりにおいて非常に重要なポジションを占める。従来，ややもすると技術主導型の製品開発で，片隅に追いやられた業務でもあった。製品開発において，業務の流れが主に，「人間科学部門」→「技術部門」→「営業部門」となる。

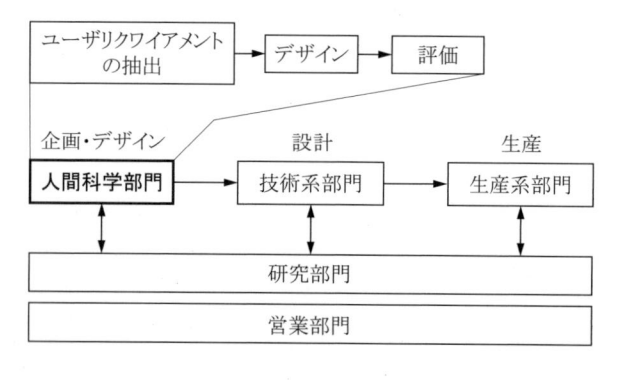

図1.5 人間科学部門の製品開発プロセスにおける位置づけ

このことにより，従来はばらばらであった製品開発のプロセスが明確になり，スピーディーな対応が可能となろう．

以上から，人間科学部門の中核業務は，以下に示すシステム構築業務，企画業務と研究開発である．

1. システム構築業務：可視化業務，システム構築，ソリューション業務，評価業務，全社業務
2. 企画業務：製品企画，提案業務
3. 研究開発：研究業務，調査業務

1.6 人材育成を考える

時代の変化が激しい現代にあって，専門知識はすぐに陳腐化し，従来は10年もった知識が数年で役に立たなくなることはそう珍しいことではない．人材育成に関するポイントは，専門分野の深耕と関連分野の拡大である．簡単に言えば，複数の専門領域の獲得と，幅広い知識を持つことである．企業はこれを実現させるために，デザイナーのモチベーションを維持する仕組みをつくらなければならない．この背景としてデザイナーの見方が，ヒューマンリソース（Human Resource：従業員を資源と見る．仕事の成果は労働時間に依存するという考え方）からヒューマンキャピタル（Human Capital：従業員は価値を生み出す資本と捉える．仕事の成果は保有する能力に依存するという考え方）へと移行しつつある．

(1) 高度専門性の獲得と分業化と部門統合の視点

デザイン業務が複雑，高度化して，分業化が起きている．とくに，自動車のデザインではその傾向が顕著である．自動車の場合，分業はエクステリアのデザイン，インテリアのデザインやカラーリングなどの水平分業である．水平分業とは，デザインプロセスを細分化して，独立させた業務である．一方，デザイン業務では水平分業だけではなく垂直分業[6]も起こりうるだろう．ここで言う垂直分業とは，「考える作業」と「実行する作業」に分けて業務を行うスタイルである．たとえば，新しいデザイン分野である情報デザイン業務の場合，情

報コンテンツを考えたりユーザインタフェースを考えるデザイナーと，それらの情報を可視化するデザイナーに分けて仕事を行うことである．1人でできるヴォリュームの業務ならば，1人のデザイナーがすべてこなすことができるだろうが，操作画面が数百枚レベルの業務となると，現実問題として1人では無理である．この垂直分業は目新しいことではなく，新人デザイナーとチーフデザイナーの関係にも見ることができる．チーフデザイナーが考える作業を行い，新人デザイナーが作業を実行する．このプロセスを通じて，新人デザイナーは業務をマスターしていくのである．この場合は指導などがあるので，上下関係が発生するが，通常，機能で分けているので上下関係は発生しない．

通常，デザイナーは依頼を受け，デザインを完了するとチーフデザイナーにプレゼンテーションを行い，コメントをもらい承認を得る．コメントに従って，一部修正を行った上で，課長，部長，所長の順にプレゼンテーションを行い承認をもらう．しかし，上級マネージャーすべてが人間工学，ユーザビリティや材料などに精通しているわけではないので，結局，造形面のコメントが主になる．プレゼンテーションが階層化し一種の儀式になっていて，しかもコメントするのが主に造形面なので，コメントのレベルはばらばらである可能性が大きい．このような効率の悪いマネージメントは次の理由によるものである．

1. マネージャーが多すぎる．
2. 各マネージャーの専門が狭い意味のデザイン（造形）であり，それ以外のコメントが困難となっている．
3. マネージャーの大きな仕事がプレゼンテーションを受けることになってしまっている．

このようなシステムの場合，下記の問題点が発生している．

1. マネージャーが多いことは，生産性が低くなっていることの裏返しでもある．
2. 新しい業務に対して，マネージャーはまったく無力である．たとえば，操作画面のデザインの場合，上級マネージャーはその経験がないのであまりコメントができない．人間工学，認知科学や情報工学に精通しているならば，その視点からコメントが可能であるが，そうでない場合が多い

ので，経験上のことしか述べることができない。つまり，デザイナーとしての経験を土台にした評価システムとなっている。
3. マネージャー全員が造形力があるわけではなく，プレゼンテーションにより若い優秀なデザイナーの成長をつぶす可能性がある。

そこで，以下のデザイン業務の分業体制を提案したい。

1. マネージャーは，事務管理を行うごく一部の者にする。デザインのマネージャーで危惧するのは，前述した垂直分業が悪い意味で発生する場合である。マネージャーが考える人，部下が作業する人になってしまい，部下の育成を阻害する要因となる。さらに悪いのは，すべて部下に丸投げし，できたデザイン案についてコメントをするだけの場合である。部下が優秀な場合は問題ないが，その逆の場合は非常に大きな問題を発生させる。基本的に，階層構造をなくし，そして課長，部長の役職もなくし，専門職かデザインのプレイングマネージャーにすべきであろう。担当者はある年齢までは従来のグループに所属し，実力が認められると独立してプロジェクトや他のグループの仕事をするとか，あるいは従来のグループに入ってもよいとするフレキシブルな対応も考えられる。この仕組みによりデザイナーのモチベーション向上にも寄与することができる。

2. プレゼンテーションは必要だが，直属上長のチーフデザイナーは全般的なチェック（コンセプトとの整合性，コストや商品性など）のみにして，専門職である造形や人間工学などのエキスパートにプレゼンテーションを行い，コメントをもらう。たとえば，コピーマシンのデザインを行ったとき，造形面はそのエキスパートに見てもらい，操作部の使い勝手などは人間工学のエキスパートにチェックしてもらう。つまりデザイン業務の複雑化と高度化により，従来は1人のチーフデザイナーが行っていた作業を，その分野のエキスパートに肩代わりをしてもらうという考え方である（図1.6）。

従来，デザイナーの暗黙知を共有化することはかなり困難であったが，上記の分業化では暗黙知を共有するようなシステムも考える必要がある。たとえば，デザインプロセスを明記させるデジタルドキュメントを作成させるとか，業務を推進していく上でチェックポイントを作り，そこで必ず何らかの考え方など

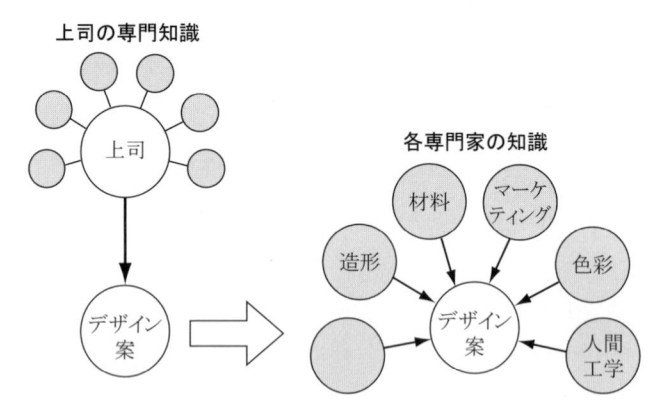

図1.6 デザイン案に対して各専門家がアドバイスする

を記入させることなどが考えられる。要は，いままで述べてきたデザイン作業をシステム化することである。

　最後に，このような分業化を進めていくと，各自ばらばらの動きを行う可能性があるので，部門全体としてのベクトルを示して方向づけと統合を行う必要がある。つまり，分業のマネージメントを行うのである。そのためにも部門の目標を明確にして，何をすべきかをブレイクダウンして，具体的な方針を示す必要がある。マネージメントをする際，構造化された目標を明確にして，その方針と照らし合わせて，分業の推進と部門の方向づけと統合を図っていかねばならない。

(2) 新しい時代にふさわしいデザイナーの育成

　デザイナーの発想力を主に前面に出してマネージメントする組織や，アート感覚を大事にしてマネージメントしている組織がある一方，工学的センスに裏付けられ論理的にマネージメントする組織もあり，多種多様なデザイナー像やマネージメントスタイルがある。

　デザイナーとアーチストを混同している人が多いが，デザイナーとアーチストは峻別すべきである。自分の感覚を前面に押し出すのがアーチストであり，よく言われる無名性（アノニマス性）がデザイナーの特質である。デザイナーはユーザの代弁者でもあり，ユーザを引っ張っていくリーダでもある。ユーザを

引っ張っていくというのは，唯我独尊の考えでデザインを提示するということではなく，新しい生活提案やシステム提案を行うという意味である。この新しい生活提案やシステム提案を行うには，前提としてユーザの声を聞く必要がある。この作業を省略して自分の価値感を出すのはデザイナーではないと考えている。往々にして，個人的体験に基づいて「こういうのが欲しい」と提案するデザイナーが多いが，疑問である。上手くユーザのニーズに合う場合もあろうが，たいていの場合，荒唐無稽な提案や現状に適合しない提案に終わっていないだろうか。

21世紀に必要なデザイナーは，ユーザのニーズを斟酌して生活提案やシステム提案のできる人材である。数々の情報から重要な情報を感知し，それらを統合して新しい価値を生む能力である。別の言葉で言えば，論理的で厳密なコンセプトを作れる人材がいちばん重要になる。論理的で厳密なコンセプトを作るには柔軟な発想力が必要である。モノづくりのどの分野についても言えるが，柔軟な発想力は必要十分条件である。どういうモノやシステムが世の中で必要になるかを判断できれば，あとは極端に言えば自動的に作業の推進が可能である。前述した垂直分業の「考える作業」の内容が決まれば，「実行する作業」はそれほど難しいわけではない。

このような文脈から考察すると，これからの時代にふさわしいデザイナーは，「考える作業」と「実行する作業（可視化）」ができる能力を持った人材であるが，敢えて言えば「考える作業」にウエイトを置いたデザイナーでもよい。極端に言えば「実行する作業」をあまりできなくとも，つまり絵を描けないデザイナーでもかまわない。今後，デザイン系教育機関において，「考える作業」にウエイトを置いた教育が必要である。この「考える作業」の根幹は柔軟なシステム思考ができることで，既存の学問でいえば，コンピュータサイエンス，人間工学，認知科学，システム科学，経営学，社会学，統計学，機械工学，建築学などが下支えをする。そして，既存の学問上の専門で言えば，2つ以上をマスターする必要がある。これらの学問とデザインとを組み合わせた場合のウエイト付けは，その人の職業人としてのベクトルによって決まる。たとえば，「人間工学＞デザイン」の人材ならば，ユーザリクワイアメントの抽出やユーザビリティ関係の業務をこなし，可視化のスキルもあるので関係者との打ち合わせが容易に進むなどの効果がある。「経営学＞デザイン」の人材の場合，MBA

(Master of Business Administration) でデザインマネージメントを学んだ人が該当するかもしれないが，デザイン部門や企業経営の視点で，デザインを上手く運営することが可能であろう．

(3) モチベーションの向上

　インハウスデザイナーの多い日本では，デザイナーのモチベーションを保持するために，数年毎にデザイン対象製品を変えるローテーションを実施している．しかし，所属はデザイン部門で変わらない．この方法は悪いわけではないが，事業部とのローテーションを活発にして，デザイナー意識の前にビジネスマンのマインドを植え付けた方が賢明である．それにより，つぶしが利くようになり，モチベーションも上がるであろう．デザイン系の教育機関でも，造形を中心とした教育から，「考える作業」の教育にウエイトを置き，自分たちがデザインした製品がどのような流通で売られるのか，マーケティングなどのビジネスセンスやマネージメントを磨く方にも力を入れるべきである．

　モチベーションを上げるもう1つの方法は，複数の専門性を持たせることである．それらが互いにシナジー効果を発揮する．従来よく言われている造形力や発想力，調整力だけで，定年までの40年近いデザイン業務は可能だろうか？年功序列の時代ならば，入社して15年～20年くらい経つとマネージャーになり，デザイン業務から離れてしまう．しかし，年功序列制度が崩壊した現在，マネージャーになるのはほんの一部の者で，ほとんどのデザイナーが定年まで現場のデザイナーとして仕事をすることとなる．入社して10年あたりを1つの区切りとして，少数のマネージャーになるコース，選抜された形・色にこだわる感性のデザイナーコース，あるいは複数の専門性を持って造形以外の業務を中核として働くコースなどをデザイナーに選択させ，後の10年でその道のプロにすることが考えられる．この場合，前述したようにデザイン部門が人間科学部門となり，造形を中核とした組織ではないので，デザインコースから外れたといって，気落ちする必要はない．つまり，多様な選択肢が準備されており，10年のデザイナー経験から各自の特質や願望を考慮して，選択すればよいのである．従来のデザイン部門の運営はモノカルチャーなので，主流から外れてしまうと彼らのモチベーションが低下する傾向があった．そうではなく人間科学部門にすることにより，部門の評価基準や価値観が多様化するので，自分の最適

なポジションを見つけることができ，モチベーションも向上する．

（4）高齢化対策

　年功序列制度では，高齢の従業員はその生産性以上の所得を得ていた．逆に言えば，若い頃はその生産性以下の所得しか得ることができず，その差分は高齢時に回っていたのである．実力主義の時代になると，所得がその生産性に連動するので，高齢の従業員にとって所得が下がることも考えられる．このような状況は企業にとっても好ましくないので，従業員に複数の専門性を持たせ，守備範囲の広いプレイヤーを育てて，ビジネスに貢献できるようにすることが大切である．従来は，実力の足りないデザイナーでも，入社して20年もすれば下級マネージャーになれたので，モラルも保たれ，それほど問題は起こらなかった．企業の方でもそのような処遇に対して余裕があった．しかし，グローバル化により全従業員の生産性が厳しく問われる時代になると，前述したように少数のマネージャーでデザイン部門を運営していかねばならなくなっている．そのため大多数のインハウスデザイナーは，年齢とともにスキルと知識を獲得して，能力の多角化に努めなくてはならないだろう．若いときに培ったデザインのノウハウに獲得したスキルと知識を加えて，各自の専門領域を構築あるいは切り拓いていくことが望まれる．従来のように一部の優秀なデザイナーの稼ぎや成果で残りのデザイナーを食べさせるといった構図は，不可能になりつつある．たとえば，デザイン部門内の研究や調査などの間接部門の経費は自分たちで稼ぎ出せるだけの実力をつけるべきである．

【参考文献】

[1] P. F. ドラッカー（上田惇生訳）：明日を支配するもの，p.160，ダイヤモンド社，1999．
[2] 日本人間工学会編：ユニバーサルデザイン実践ガイドライン，p.25–32，共立出版，2003．
[3] 山岡俊樹：ヒューマンデザインテクノロジー入門，森北出版，2003．
[4] 海保博之，田辺文也：ヒューマン・エラー，p.144–147，新曜社，1996．
[5] 堺屋太一：組織の盛衰，p.107–123，PHP文庫，1996．
[6] 沼上幹：組織デザイン，p.42–86，日本経済新聞社，2004．
[7] 山岡俊樹：ヒトにやさしいモノづくり〜「ヒューマンデザインテクノロジー」，第5回デザイン（総合化）ステップ，p.35，11月号，ダイワアーク，大和銀総合研究所，2001．

2 マネージメント論とブランド論

嵯峨　昇

　デザインマネージメントを行うには，まず，企業の事業全体のマネージメントの理解が必要となる。事業の定義は何か，顧客は誰か，事業の目標はどうか，その事業はどのような戦略を持つのかなど，事業全体の方向性を理解してからデザインの活用を考えなければならない。また，デザイン活用は，商品開発のための工業デザイン，広報関連などの商業デザインだけでなく，グローバル環境における差別化戦略としての商品ブランドや企業ブランドの開発においても，重要視されてきている。

　デザインマネージメントは，企業のマネージメント下において，これらのデザインにかかわる業務をいかに効果的に遂行するのか，そのために，デザイナーをいかにうまく活用するのかをマネージメントすることである。

　そのため，この章では，企業のマネージメントの基本的な役割と，ブランドの役割と活用の方法をデザインマネージメントの観点から考察する。

2.1　マネージメント論

2.1.1　マネージメントとは何か
　　　　——組織はマネージメントを必要とする

　P. F. ドラッカーはいう——「組織なき社会は全体主義に陥ってしまう。そして自立した存在として機能し成果をあげる組織はマネジメントを必要とする。組織が機能するには，マネジメントが成果をあげなければならない」[1]。

　家族的経営，オーナー兼企業家を中心とした経営の時代から，現代では，企業，行政機関，大学，病院などのあらゆる社会の組織において，成果を達成するための中核機能であるマネージメント（広義の管理と管理者の2つの意味を

持つ) を必要とする。

では，マネージメントとは何か。マネージメントが成果をあげるということはどういうことなのか。

(1) マネージメントの役割

まず，マネージメントの主要な3つの役割を見る。

- 自らの組織に特有の使命を果たす。

    マネージメントは，組織に特有の使命，すなわちそれぞれの目的を果たすために存在する。

- 仕事を通じて働く人たちを生かす。

    現代社会においては，組織こそ，1人1人の人間にとって，生計の糧，社会的な地位，コミュニティとの絆を手にし，自己実現を図る手段である。当然，働く人を生かすことが重要な意味を持つ。

- 自らが社会に与える影響を処理するとともに，社会の問題について貢献する。

    マネージメントには，自らの組織が社会に与える影響を処理するとともに，社会の問題の解決に貢献する役割がある。[1]

企業の目的とは顧客を創造することである。企業とは何かを決めるのは顧客である。顧客が価値を認め購入するものは，商品やサービスそのものではなく，商品やサービスが提供するもの，すなわち効用である。そのためには，企業は，顧客の欲求，価値，ニーズを満たすマーケティングと，つねにより良く，新しい満足を生みだす，経済的，社会的なイノベーションを実行しなければならない。イノベーションとは，単に，製造業における技術的なイノベーションだけではなく，流通業におけるイノベーションや，地域社会に影響を及ぼすイノベーションまで，広範囲のものを示す。

(2) マネージメントが取り組むべき内容

そのために，マネージメントが取り組むべき基本的な内容を見る。

- 事業の定義
    まず，事業の定義を行う。企業の目的として，自社の事業とは何かを問う。事業を定義する出発点は顧客である。自社の事業とは何かは，企業を外部の顧客と市場の観点から見て定義できる。その際，事業のうち何を捨てるか，何を行わないかを決める。[1]

- 顧客の定義
    顧客の定義を行う。顧客は誰か。既存の顧客は誰か，将来の顧客は誰かを定義する。顧客は1種類だけではない。最終消費者もいれば，卸小売業者もいる。そして，顧客はどこにいて，何を買うかを問う。[1]

- 事業の目標
    事業の定義に基づき，具体的な目標設定を行う。マーケティングの目標，イノベーションの目標，経営資源の目標，社会的責任の目標などを設定し，実行に移す。[1]

- 戦略計画
    未来は予測できない。したがって，戦略計画を立てる。戦略計画とは，リスクを伴う起業家的な意思決定を行い，その実行に必要な活動を体系的に組織し，それらの成果を最初に計画したものと比較するという連続したプロセスである。[1]

(3) マネージメントが成果をあげるためのポイント

次に，マネージメントが成果をあげるための主要なポイントを見る。

- 成果を中心に考える
    成果とは何かを理解しなければならない。成果とは長期のものであり，打率である。人は，優れているほど多くの間違いを犯す。優れているほど新しいことを試みる。組織の健全さとは，高度な水準のものをつねに要求し，これに果敢に取り組んでいる状態をいう。[1]

- 真摯さなくして組織なし
    真摯さがなくては，まともな組織とは言えない。真摯さは，ごまかしがきかない。真摯さを欠く者をマネージャー（中間管理職）に任命してはならない。真摯さを欠く者とは，強みよりも弱みに目を向ける者，何

が正しいかよりも誰が正しいかに関心を持つ者，真摯さよりも頭の良さを重視する者などである．真摯さが欠けていては組織を破壊し，業績を低下させる．[1]

- 意思決定

    問題に対する認識の違いを明確にすることが，効果的な意思決定の第一歩となる．意見の対立を促し，意見の相違を重視することにより，問題に関する理解を深め，代替案を手にすることができる．つねに，意思決定は必要か否かを検討し，何もしないことを決めるのも1つの意思決定である．問題は，はっきりしない中間の状態のときであり，この場合は，行動したときのコストと行動しないときのコストを比較して意思決定を行う．[1]

- コミュニケーション

    コミュニケーションは，受け手の言葉を使わなければならない．受け手の経験に基づいた言葉を使わなければうまくいかない．コミュニケーションが成立するには，経験の共有が不可欠である．また，受け手が期待しているものを知らずにコミュニケーションを行うことはできない．[1]

- 管理

    管理手段は，成果に焦点を合わせなければならない．企業活動の成果は組織の外に表れる．企業の利益も，それを生みだすのは顧客である．内部にあるのはコストセンターにすぎない．すなわち管理活動の対象となっているものはコストにすぎない．管理手段は，測定可能な事象のみならず，測定不能な事象にも適用しなければならない．組織は人の集合であり，彼らの欲求やニーズを満たさなければならない．この個人の欲求を満たすものは，賞や罰であり，各種の奨励策や抑止策である．[1]

- 組織構造

    職能別組織は単一製品メーカーなどの中小企業に適し，分権組織は多様な製品を抱える大企業に適する．構造は戦略に従う．組織構造は企業が目的を達成するための手段であり，組織構造に取り組むには目的と戦略からスタートしなければならない．間違った組織づくりは，理想モデルや万能モデルを機械的に当てはめるところから生じている．階層はあ

らゆる組織に必要である。最終決定を下すことのできる者がいなければならない。[1]

(4) マネージメントを行う者

それでは，具体的に，誰がマネージメントを行うのか。マネージメントを行う者は，トップマネージメント（経営者層）とミドルマネージメントやマネージャー（各部門長，工場長，専門家など）に大別できる。マネージメントを行う者は，成果に対して，権限と責任を持つ。権限とは権力ではない。ミドルマネージメントやマネージャーは，上，下，横との関係によって規定され，仕事に必要な情報は何であり，どこから入手するかをつねに考えなければならない。[1]

21世紀になって，企業組織は，労働集約型組織から，知識集約型組織に変わってきているといえよう。そして，知識専門家という新種のミドルマネージメントを効果的な存在とし，成果をあげさせることが，今日のマネージメントの中心テーマになってきている。知識専門家とは，知識を仕事に活用し，組織全体の能力，成果，方向に影響を与える意思決定を行う者である。まさに，デザイン業務のマネージメントを司るマネージャーは，この知識専門家であり，企業の事業全体におけるデザイン活用による成果の浮沈が，この知識専門家の手腕にかかっているといえる。

次に，このデザインのマネージメントについて見る。

2.1.2 デザインマネージメントとは何か
──経営におけるデザインマネージメント

(1) なぜデザインマネージメントなのか

デザインマネージメントという言葉は，ロンドン・ビジネス・スクール（当時）のピーター・ゴーブ氏が最初に提唱したと言われている。企業経営に，どのようなデザイン業務を導入して，そのためにどのようなデザイナーを活用すればよいのかについて，このデザイン業務の責任を担うデザインマネージャー（業務責任者）の役割を明確にしようとする考え方である。

経営者にとっては，いかに，このデザインマネージャーに適切なデザイン業務を遂行してもらうかが経営の重要な鍵となる。もちろん，経営者自らがマネー

ジャーになる場合もある。そのためには，デザインとデザイナーの専門性や役割が明確になっていなければならない。

　このデザインとは何かについてはなかなか簡単には説明できないことは，日本のみならず他のデザイン活用先進国においても同様である。デザインの重要性を社会一般，とくにビジネスの世界に認知してもらうための啓蒙活動が頻繁に行われたり，このための公的機関や民間団体も各地に存在している。それでも，産業界，行政機関，一般人へのデザインの啓蒙活動の浸透や効果は，21世紀になったいまでも，必ずしも十分とは言えないであろう。

(2) これはなぜなのだろうか

　デザインは，誰でもよく知っている事柄である。「この商品のデザインは良い」とか，「この商品の形はスマートである」とか，誰でも簡単に感想を述べたり，評価したりできる。

　しかし，商品を作る側のデザイナーの職能がよくわからないのである。デザイナーはどういう考え方とプロセスでデザインを行うのか，デザイナーの専門は何なのかが，一般の人にとってわかりにくいのである。

　このことは，企業経営者が，デザインを導入し，活用する際の大きな課題でもある。デザインマネージャーにデザイン業務を託すにしても，企業経営者はデザインとデザイナーの基本的なことを知っていなければならない。このことがデザインマネージメントの出発点になる。

(3) デザイン組織

　デザイナーの活用を中心にして，デザイン業務の全体的運用管理をより効果的に行うためには，時にはデザイン組織の見直しも必要となる。デザイン専門のセクションを持たなくても，自社のデザイン業務の内容と範囲，そしてデザイン業務の責任者を明確にすることが必要である。

　人（デザイン業務担当者と責任者），モノ（CGやCADシステムなどのデザイン関連設備機器），予算（デザイン開発予算，外注費）などを明確にすることとあわせ，社内で自社商品のデザインを評価・検討する機会を設けたり，一般社員に対してデザインを理解させるための教育・研修を充実させることも重要である。

（4）デザインの意思決定

商品開発プロセスで採択・決定されたデザイン（それが質を決定する）が商品の売れ行きを大きく左右するため，商品開発プロセスにおけるデザインの意思決定は経営者自らが行うのが最適である。経営者には，日頃からデザインに関する知見や経験を高める努力が求められる。

（5）総合力としてのデザイン活用

企業経営においては，自社の事業の定義，顧客，事業目標，戦略計画，取り扱い製品，自社の強みなどを考慮しながら

- どのようなデザイン業務（分野）を導入し，どのようなデザイナーを活用すればよいのか（社内でデザイナーを雇用するのか，社外のデザイナーを活用するのか）
- 経営者自らがデザインの意思決定を行う体制や体質にするにはどうすればよいのか
- デザインに関する組織（人，設備機器，予算など）をどうすればよいのか

などを明確にしなければならない。とくに，社外デザイナーとの付き合い方や社内でのデザイン人材の育成には，十分な注力と配慮が必要である。

次に，最近とくに注目されているブランドについて，その基本的な役割とデザインマネージメントとの関係を見る。

2.2 ブランド論

2.2.1 なぜいまブランドなのか
——商品ブランドから国家戦略としてのブランドまで

最近，ブランドが多方面で注目されている。なぜいまブランドなのか。近年における経済のソフト化，グローバル化が世界的に進むなか，企業は設備，土地，固定資産などの有形資源を中心とする経営戦略から，ソフト，ノウハウ，知的財産などの無形資源・知的資産に重きを置いた経営戦略に移行しつつある。

また，アジア諸国製品などの急進的な市場参入による日本製品との競争激化の状況にあって，日本企業は，ますます高品質で付加価値が高く，より個性的な商品を開発し販売していかなければならない。このような状況のなかで，ブランドは，一般的には，競合商品に対して自社ブランドに差別的な優位性を与える長期的なイメージ創造活動と考えられ，企業の経営戦略のより重要なツールとして関心を持たれ活用されようとしている。また最近は，商品や企業のみならず，地域や国家を対象としたものにまでブランド戦略が謳われる時代にある。英国のブランニュー政策* に始まり[2]，わが国においても，地域ブランド，都市ブランド，産業ブランドなど，地場産業支援，中小企業支援を目的とした，行政機関がかかわる行政ブランドともいうべき施策も活発になってきている。単なる名前あるいは商標としてのブランドの意味を超えて広義に解釈されてその効用が期待されてきている。いずれにせよブランドへの関心とその取り組みが年々高まってきているのは事実であろう。

　そもそもブランドとは一体何なのか。ブランドは本当に有効なのか。この命題に対する解に少しでも近づくために，ブランドに関するいくつかの側面を見る。そして，デザインマネージメントにおける位置づけと役割について考える。

2.2.2　ブランドの2つの意味

　上述のように，ブランドは商品から国家戦略まで，幅広い概念を持つと言える。このことをもう少しわかりやすく考えるために，ブランドの概念を狭義のものと広義のものの2つに分けて考えることにする。

　まず，狭義のもの（本来的な意味）は，「商標」である。知的財産権法で認められた商品ブランド，企業ブランド，団体ブランドなどである。

　一方，商標権という法的権利を持たないが，特定の人やものの名前を示して，しばしば，あの人はブランドであるとか，あの都市はいまブランドになったなどと言う場合がある。つまり，優れていて著名な個性を持つもの（名前）に対して，人々はブランドと呼ぶことがある（図2.1）。

　個々のブランドが規定する範囲からその階層を考えたとき，企業の商品ブランドから，事業ブランド，企業ブランド，団体ブランド，都市ブランド，地域

---

*英国のブランニュー政策：Brand-new Britain，自国のアイデンティティに基づく長期ビジョン策定や国外への自国のイメージ改善対策を目的にした英国の国家的ブランド戦略。

```
   狭義のブランド     広義のブランド
    ╱商標╲          ╱優れた╲
   │商品ブランド│      │著名な│      図 2.1
   │企業ブランド│      │個性  │     狭義のブランドと
   │団体ブランド│       ╲___╱      広義のブランド
    ╲  …  ╱
```

（産地）ブランド，国のブランドという広範囲なものにまで分類できる。[3]

2.2.3 知的財産権としてのブランド

まず知的財産権である商標のブランドを見る。

元来，ブランドという言葉は，「焼き印を押す」という意味の古ノルド語の"Brandr"から派生した言葉である[4]。牧童が自分の牛を他人の牛と区別するために押していた「焼き印」がブランドの起源と言われている。19世紀に入って，フランスやイギリスで，製作者の出所を表示し，商品の品質を保証するために，商標法が制定された。

わが国では，商標が本格的に商いで使用されるようになったのは，江戸時代，清酒の醸造が盛んになった頃からと言われている。伊丹・西宮などで造られた銘酒は，船で江戸に運ばれ大量に売られるようになった。このとき，菰（こも）や筵（むしろ）に醸造家を識別するために付けられた酒銘が商標の起源とされている。[5]

この商標（商標権）は知的財産権のなかの産業財産権の1つであり，商標法により保護されている。自社の商品やサービスを消費者に印象づけ，他社のものと識別させるために，シンボルや記号による表現が必要となる。そのために作成された図形，文字，記号などのマークが商標である。商標は，文字通り，「商いを行う標（しるし，目印，マーク）」である。そして，この商いのマークは，法律的にも，業務上の信用を示すものとされている。[6]

商標の役割やメリットは，売る側だけでなく，商品やサービスを享受する消費者にとってもたいへん重要である。消費者にとっての商標は，製造者，産地，製造法などを即座に識別できたり，自分にとっての経済価値に置き換えたりできる。[5]

つまり商標の基本的な役割は，次の通りである。

＜消費者側＞

- 商品，サービスの製造元を識別する目印である．
- 商品，サービスの責任の所在を知る目印である．
- 商品，サービスの探索コストや購買リスクを削減する目印である．
- 生産者との約束，契約，協定を実行させる目印である．
- 自分にとっての経済価値を計るための目印である．
- 自己イメージを投影・表現させる目印である．

＜生産者側＞

- 消費者に，商品，サービスの品質を保証する目印である．
- 自社の信用を獲得し，維持する目印である．
- 商品，サービスの独自の特徴を法的に保護する手段である．
- 商品，サービスの取り扱いや追跡を単純化するための識別手段である．
- 経営上の競争優位や財務的成果の源泉となる手段である．[5][7]

2.2.4 企業財務から見たブランド，ブランド価値の評価

　1991年，カリフォルニア大学のD. A. アーカー教授が「ブランドエクイティ*（資産）[2]戦略」を発表した[8]．それ以来，企業財務上におけるブランドの資産的価値に対する関心が年々高まってきている．企業経営者にとって，ブランドやデザインなどの感性がかかわるものを測定でき数値化できると，それらに対する理解と活用が進む．ブランドが売買される場合は，基本財務諸表の貸借対照表（バランスシート）の無形資産のなかにブランドが計上できる．英国では，会計上，ブランド価値を無形資産に計上することが許されている．
　こうして最近では，ブランド価値を評価しようとする動きが活発になってきており，いくつかのブランド価値の評価手法が開発されている．ブランド価値の評価手法として次のようなものがある．

＊ブランドエクイティ：ブランド自体が流通性のある資産であるという考え方．高いブランドエクイティを持つものは，認知度も高く，忠実な顧客を持ち，品質の良さで定評があり，広く流通にアクセスしやすい．

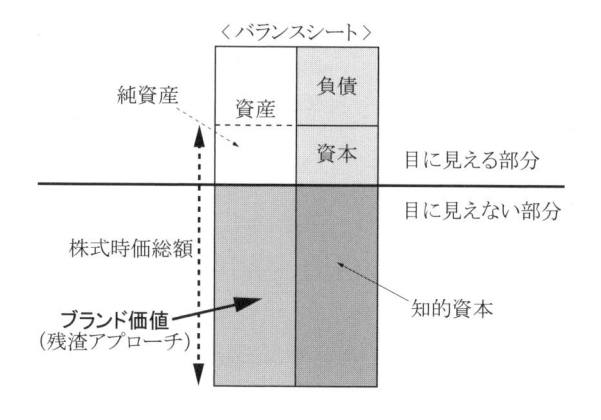

図 2.2
残渣アプローチによる
ブランド価値評価

上部が財務諸表のバランスシートであり，この中の純資産（簿価と同等）の部分があるが，企業の株式時価総額（株価×発行株数）が純資産をはるかに上回る企業があり，この差額をブランド価値とする。

1. 株式の時価総額から財務の純資産簿価を差し引いた金額をブランド価値と考える残渣アプローチ（図2.2）
2. ブランドを育成するのに要した金額あるいは同種のブランドを市場で購入するにはいくらかかるかを計算するコストアプローチ
3. 企業の金融市場価値からブランド価値を導き出すマーケットアプローチ
4. ブランド資産がもたらすであろう超過収益または正味利益（キャッシュフロー）を現在価値に換算することでブランド価値を求めるインカムアプローチ[9]

ブランド価値の評価手法の中では，現在，インカムアプローチの中のプレミアム価格法*が最も有効と言われている。[9][10]

また，経済産業省では，2002年に，ブランド経営の重要性とブランド価値評価の必要性を中心テーマとした「ブランド価値評価研究会」を実施し，その報告書を公表している。[11]

2.2.5 マーケティングから見たブランド
——製品の機能とブランド

図2.3は，製品の機能について，マーケティングの観点から見た「製品階層」というモデル[12]である。製品はハードウエアであるが，それは何に効用がある

---

*プレミアム価格法：ノンブランド製品を上回ってブランド製品がもたらす現在および将来の価格プレミアムで超過利益を測定する考え方。

図 2.3
製品階層 [12]

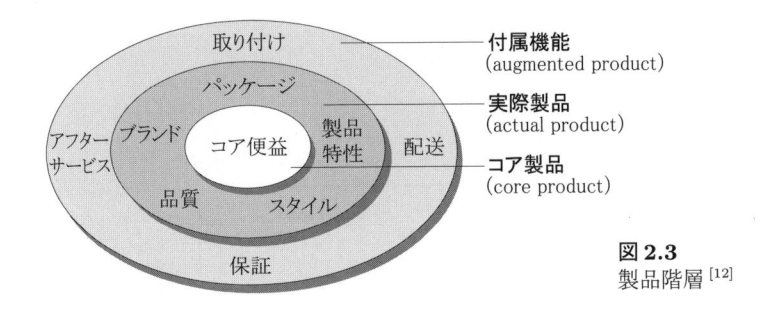

のか，つまりその機能や便益が中心になり，それを「コア製品」という．その次のレベルが実際の製品を構成するもので，「実際製品」と言われ，製品特性，品質，スタイリングなどとともに，ブランドもこの要素になる．いちばん外側のレベルは「付属機能」と言われ，保証，配送，アフターサービスなどが要素になる．すでにブランドは実際製品の要素の1つと考えられ，製品を構成する欠かせない機能と言える．

また，マーケティングには，Price（価格），Place（流通），Promotion（広告），Product（製品）という4つの重要なファンクション（機能）がある．ブランドは，製品の1ファンクションであった時代から，現在では，最も主要なファンクションとして，全ファンクションの中心部に位置づけされ，他のファンクションとも密接に連動させていこうという時代になってきている．

2.2.6　企業のアイデンティティ戦略とブランド

企業の経営戦略として，4つのアイデンティティ戦略がある（図2.4）．アイデンティティ戦略とは，つねに一貫した考え方や方針を遂行しながらその企業らしさを打ち出していこうとする戦略である．

まずいちばん大きな枠組みとしてコーポレートアイデンティティ（CI）がある．自社の経営理念，事業ビジョン，コアコンピタンス（強み）など企業の全体像を明確にしながら，対外的にも社内的にも，これらを強くアピールしていく戦略である．

次のビジュアルアイデンティティ（VI）は，CIを遂行するために，企業のロゴやマークなどの目に見えるもの（ビジュアル）によって企業のあり様をアピールしていくイメージ戦略である．広報物，製品，営業車両や社員の勤務態度な

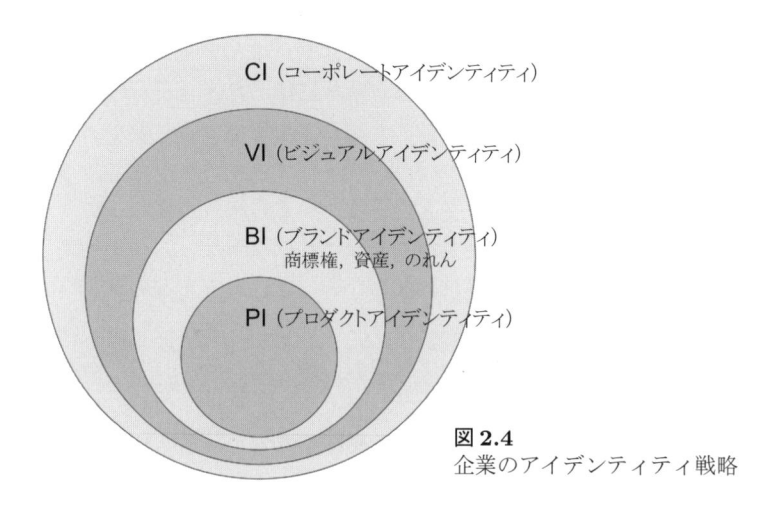

```
        CI（コーポレートアイデンティティ）
          VI（ビジュアルアイデンティティ）
           BI（ブランドアイデンティティ）
              商標権，資産，のれん
             PI（プロダクトアイデンティティ）
```

図 2.4
企業のアイデンティティ戦略

ど，目に見えるものはすべて含まれる。

　ブランドアイデンティティ（BI）は，CI および VI を遂行するために，商品やサービスに付けられる名前（ネーミング）によって企業全体をアピールしていく戦略である。商品やサービスにつく名前は商標（商標権）であり，財務的には資産価値の意味を持ち，長期的に信用を持ち続けることができればいわゆる「のれん」として認知されてくる。

　プロダクトアイデンティティ（PI）は，これらのアイデンティティ戦略のもとに，製品をどのように作っていくかを考える戦略である。

　ブランドの開発と育成であるブランドアイデンティティは，このような企業のアイデンティティ戦略のなかに位置づけられる。ブランドはマーケット（市場）上のテーマと言えるので，最終消費者向け製品を製造する企業にとっては，ブランドアイデンティティ（ブランド戦略）のもとにプロダクトアイデンティティ（商品開発）を考えていくという手順が基本になる。

2.2.7　変わるべきもの（イメージ戦略）と変わらざるもの（アイデンティティ）

　消費者はしばしば飽きっぽい側面を持つ。どんなヒット商品や好イメージの商品でも，5年，10年と時を経て環境が変わっていくと，人々はそれに関心や興味を持たなくなってくる。それは企業イメージにおいても同様である。そこ

で，広報宣伝において絶えずキャッチフレーズや訴求イメージを変えて消費者を飽きさせない工夫と対策が必要となる。時代に即したイメージ戦略が重要となる。つまりブランド力の生産と消費のサイクルを考慮する必要がある。

一方，消費者は，しばしば，「あの企業らしい」「さすがあの企業である」といった表現で企業を高く評価することがある。いくら時代が変わっても，環境が変わっても，その企業はその企業たりえなければならない。つまり変わらぬアイデンティティを持ち続けなければならない。これを支えるのが企業そのものを意味する企業ブランドである。企業ブランドという顔を通して，外見と中身が一貫したものをメッセージとして消費者に強くアピールしていかなければならない。

また，ブランドは，商品や企業の差別化戦略が基本であるため，その名前とイメージがより個性的でオリジナルなものでなければならない。ブランドの名前とイメージが極めて個性的で好イメージであり，商品や企業の内容との間に一貫したものがあり，その企業自体とその企業が作り売る商品やサービスが決して消費者の期待を裏切ることなく，ずっと信頼と信用を持ち続けることができれば，そのブランドはパワーブランドになる。

2.2.8　ブランド開発とブランド管理

それでは具体的にどのようにブランドを開発し，管理し，育てていけばよいのだろうか。

（1）ブランド開発

ブランド開発のプロセスを図2.5に示す。

まず，ブランド開発の対象となる商品の現状分析を行う。全商品の中における位置づけ（対象顧客，価格設定，イメージ設定，他商品ブランドとの関係など）を明確に分析する。

次に，ブランドの接点（タッチポイント）[13]の検討を行う。ブランドの接点とは，顧客がブランドと出会う可能性のある場面のことである。開発したロゴ・マークなどがどこで顧客に接するのかを考え，どこに活用すればよいのかを決める。具体的なブランドの接点は，商品，パッケージ，広告，商品カタログ，販売促進ツール，ダイレクトメール，名刺，帳票類，店舗，ショールーム，看板，

```
① 現状分析
    ↓
② ブランドの接点の検討
    ↓
③ ブランドコンセプトの構築
    ↓
④ マクロ要素開発
  (テーマ性，スタイル，個性など)
    ↓
⑤ ミクロ要素開発
  (名前，ロゴ・マーク，音楽，スローガンなど)
```

図 2.5
ブランド開発のプロセス

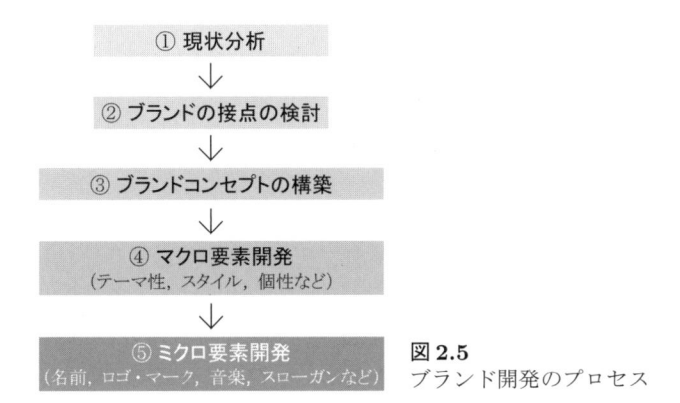

展示会，車，店員，Webサイト，Webバナー広告，Eメール，電話，うわさなどである。

　次に，ブランドコンセプトを確立する。ブランド開発の理念，将来の戦略的目標（現在から5〜10年後の業界動向も視野に入れて，いま何をするかを決める），対象顧客，価格戦略，他社との差別化戦略などを明確にする。

　次は，ブランドコンセプトに基づき，テーマ性，スタイルなどを具体化し，マクロ的な要素[3]を開発する。独特のムード，物語性，イメージなどを固める。

　最後に，ネーミング開発やロゴ・マーク開発などのミクロ的な要素を開発する。ネーミング開発では，その商標権先行調査はたいへん重要であり，決定したネーミングがすでに商標として登録されていないかを調べる。商標権の出願と平行して，ロゴタイプやマークの開発を行う。ロゴタイプは文字のデザインであるため，漢字，英語，ひらかな，カタカナなどの表記の問題をどうするかの検討が必要となる。また，ロゴタイプとマーク（文字と図形）の関係をどうするのかも重要である。マークは国際共通表現が可能であるが，ロゴタイプは言語の違いがあり，使用する地域が限定されるので，両方を同時に使用するのか，片方だけにするのかという方針を決めなければならない。また，視覚的なロゴ・マークやパッケージデザインだけでなく，テーマ性に即して，キャラクター，音楽，スローガンなどのさまざまな表現を用いて，ブランドの顧客との接点において効果的に活用することが重要である。その際，同じイメージ，同じパターン認識が得られるように，表現内容に統一性を持たせることが大切である。

（2）ブランドの構造・測定・管理

　ブランドは開発するだけでなく，いかに経営戦略において効果的に管理・運用していくかが重要になる。

　そのためにまず，企業の成長とブランド構造の変化を見る。企業のブランド構造は，概ね企業ブランドと商品ブランドの二重構造になっている。企業の創業期は，一般的に企業名がすなわち企業ブランドかつ商品ブランドとして機能する。成長期においても同様に，たとえ商品数が増えても，それらが同じ分野のものであれば，認知度やイメージ形成上，同じブランドを使用する。次に，企業がさらなる成長を求めて事業を多角化しはじめると，認知度が高まってきた企業ブランドといえどもイメージ的限界が生じ，新規参入した事業分野では有効とは限らなくなってくる。ここで，企業ブランドと商品ブランドを区別し，役割分担的なブランド構造が生まれる。しかしながら，市場成長率が伸び悩み，ブランド競争がますます厳しくなり，新ブランドの市場導入や全ブランドの維持強化にかかわるコスト負担が大きくなってきた現在においては，できる限りコスト負担を減らすためにも，ブランドを特化専門型にする傾向になってきている。つまり商品ブランドと企業ブランドの併用よりも，企業ブランドへと統合・収斂していく方が有利であると考えられるようになってきている。[14]

　このような企業の成長と市場の変化を読み取りながら，ブランドを構築し，測定し，管理していかなければならない。

　ブランドの測定とは，消費者のブランドの知識構造を測ることである。ブランドの知識構造を測定する目的は，消費者の知覚と嗜好に基づく，ブランドに関する認知の深さと幅，連想の強さ，好ましさ，そしてユニークさなどを理解するためである。消費者の頭のなかにあるブランドに関するメンタルマップ（フィーリング，意見，信念など）をできる限り正確に測定できれば，ブランド活用のマーケティング上の重要な指針や戦略目標となる。このための測定方法として，比較法（認知度，好感度，ユニーク性などについて対象ブランドと競合ブランドを比較する，コンジョイント分析*　など）やホリスティック法（ブランドの全体的な価値評価を測る，前述の残渣アプローチなど）などがある。[4]

---

　*コンジョイント分析：調査実施による多変量解析手法。ブランド比較のための項目（ブランドネーム，パッケージデザイン，価格など）により，製品とブランドに関する消費者の購買決定過程を調べることができる。

次に，ブランドの管理（ブランドマネージメント）について考察する。一般的に，新しいブランドが定着し認知されるのに，5～10年はかかると言われている。そのため，根気よくブランドを管理し，育てていかなければならない。

ブランドマネージメントのポイントを次に列挙する。

- ブランドマネージメントの管理マニュアルを作成すること。
    担当者が変わっても継続できるブランド管理マニュアルを作成し，ブランド価値の評価額の目標設定など，できる限り数値目標を活用する。
- ブランドの位置づけを明確にすること。
    ブランドの目標や役割，ターゲット市場，ターゲット顧客，製品ラインナップなどの観点より，そのブランドの位置づけを明確にする。
- ブランドの接点におけるイメージ表現，デザイン表現を統一すること。
    種々のマーケティング活動を通じて，CI計画と同じように，あらゆる接点のアイテムのイメージを統一し，ブランドの一貫性を維持する。
- ブランドマネージメントにおける広報的機能を充実させること。
    社会に対する透明性の高い経営情報の開示と合わせて，ブランドの認知度を上げるために，長期的視点に立ったさまざまな広報活動を行う。
- 社内において，ブランドの文化を醸成させること。
    企画・設計・開発から広報・営業に至るあらゆる部門のブランド構築の方向性を合わせ，ブランド推進活動などにより社内にブランド文化を醸成させる。
- ブランドエクイティの源泉を保護すること。
    ブランドは創業者の夢や理想に原点があるので，ブランドが持つ原点や源泉を絶えず問い直し，ブランドエクイティの源泉の保護を図る。[14]

以上のポイントを基本にして，ブランドマネージメントを行っていく。

2.2.9　ブランドとデザインマネージメント──ブランド業務とデザイン業務をいかに連携・統合させていくか

それでは，具体的に，ブランド戦略やブランドマネージメントを，デザインマネージメントのなかにどう位置づければよいのであろうか。

企業におけるブランド業務とそのマネージメントは，概ね，1.広報関連部門か，2.商品開発・デザイン関連部門において，実施されている。

1. 広報室などの広報関連部門においては，企業ブランドと商品ブランドの体系的なあり方と戦略を検討し，構築されたこれらのブランドをいかに効果的に広報するかを決め，実施する。
2. 商品開発・デザイン関連部門においては，新規に開発される商品ごとに，商品ブランドが商品ラインナップと全社的なブランド戦略の位置づけのなかで決められる。

しかしながら，この両部門の連携やコミュニケーションは，必ずしも円滑に行われているとはいえない。広報関連部門においては，商品開発・デザイン関連部門における意図や方向性とは関係なく広報を展開したり，また，商品開発・デザイン関連部門においては，広報室を中心とした企業全体のブランド戦略の方針を考慮せず，商品のブランド開発を行ったりする場合がある。

これらの理由には，部門の違い，専門性の違い，コミュニケーションの不足などがあるが，最も大きな要因は，企業全体における両部門の位置づけと，両部門に対するマネージメントの問題であろう。両部門の連携を誰がリーダーシップをとってマネージメントするのか。トップマネージメントと両部門のミドルマネージメントとの関係，両部門のミドルマネージメント間の関係のあり方の問題が，極めて重要と言える。

そのためには，ブランドマネージメントとデザインマネージメントの関係をどう考えればよいのであろうか。デザインは，ブランドマネージメントとデザインマネージメントの両方にかかわる。現状では，商品のロゴ・マーク，広報物，販促ツール，Web制作などのグラフィックデザイン関連を扱う部門でのブランドマネージメントと，商品開発・デザイン開発，人間工学，3次元CG・CADなどの工業デザイン関連を扱う部門でのデザインマネージメントは，異なったセクションで業務が行われていることが多い。

しかし，デザイン業務とブランド業務は，アイデンティティ戦略やイメージ戦略上，密接に関係しているので，統合的に，同時並行的に業務を推進していくことが大切になる。今後は，これらについて，一度しっかりした連携関係を築くか，統合し再編する必要がある。

図 2.6 ブランドマネージメントとデザインマネージメントの連携・統合

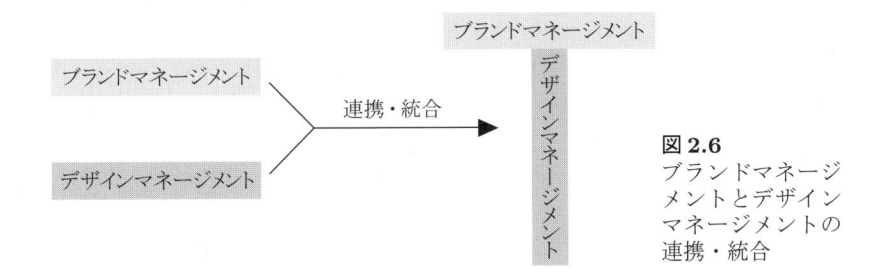

　図2.6に，このブランドマネージメントとデザインマネージメントの連携・統合の関係を示す。広報関連部門を中心としたブランドマネージメントは企業の全部門の広報にかかわるため横軸で表現でき，商品開発・デザイン関連部門を中心としたデザインマネージメントは一事業部の機能として縦軸で表現できる。これらを合わせたT型モデルが両者の連携・統合の関係を表す。今後のデザインマネージメントは，ブランドマネージメントと連携あるいは統合したものとして考えることが重要である。

　アイデンティティ戦略ではイメージ戦略が中心となるため，ブランド戦略（BI）のもとに，商品開発戦略（PI）を考えていくという順であった。どちらを上位に位置づけ先に行うべきかは，企業規模，業種の違い，商品アイテム数，企業の事業内容などにより異なる。また，企業のデザイン開発やブランド開発の体制は，自社内で完結する場合だけでなく，外注やアウトソーシングをとる場合も多く，ブランドマネージメントとデザインマネージメントは，社外も含めたビジネス全般の領域でのマネージメントになる。いずれにせよ，自社の事業において，どのようなデザイン業務とブランド戦略を行うのかを明確にして，ブランドマネージメントとデザインマネージメントを行うことが重要である。

2.2.10　中小企業経営とブランド活用

　最後に，わが国の製造業全体を大きく支えている中小企業のブランド活用を考察する。

　中小企業は優れた技術を持ち，優れた機能を持つ製品を作りうるが，その製品がなかなか売れない状況にある。この中小企業が抱える基本的問題を表2.1に列挙する。

表2.1　中小企業が抱える基本的問題

優れた技術や機能を持った製品を作ってもなかなか売れない。
↓
1. PR力不足
2. 知名度不足
3. 商品の魅力化不足（デザイン，差別化，付加価値化などの戦略不足）
4. 販路開拓難
5. マーケティング・顧客戦略不足
6. 資金力不足
7. 経営におけるブランドの認識・理解不足
8. 経営におけるデザインの認識・理解不足
9. 経営における知的財産権の認識・理解不足など

　広報宣伝やマーケティングのための資金力不足，また，デザインやブランドのようなソフト価値の理解不足やそれらの活用のための資金力不足などは顕著であろう。とくに，技術力はあるが2次下請けや3次下請けとかで自社製品を持たなかったりすると，製品ブランドや企業ブランドの必要性や重要性を強く感じなかったりすると考えられる（企業名を持っていること自体，企業ブランドであるのだが）。

　しかしながら，中小企業1社だけでのブランドへの取り組みは困難であっても，複数の中小企業が集まり，グループ，産地，地域などの単位であれば，ブランドへの取り組みは可能と考えられる。最近，この共同（組合や団体）ブランドや地域ブランドへの関心が高まり，ブランド構築に向けての取り組みが全国的に活発になってきた。商品レベルのブランド開発のみならず，地場産品のブランド開発や地域ブランド開発に取り組む自治体も増えてきた。あるいは，これまで，地場産品と表現していたものをブランドやブランド品として広報し，「〇〇地場産業展」ではなく「〇〇ブランド展」と称して開催する自治体も増え，自治体自らがブランド力を強化しようとする傾向が顕著になってきている。

むすび

　昨年，創業150年を迎えたフランスの有名ブランドがある。どうして150年も生き続けることができたのであろうか。

　K. L. ケラーは，ブランドはサイエンスでありアートである[4]という。単に，ブランドエクイティを構築し，測定し，管理していけばよいのではない。ブラ

ンドは，それが本物であればあるほど，価値の源泉―歴史，伝統，匠の技，伝説，物語，スピリットなどを持ち，1つの世界観を形成している。科学としての理論的な展開や戦略だけでなく，それ自体が1つの世界観を持ち，芸術の域に達しているからである。だから，本物のブランドはすぐに真似ることができない。製品や製造工程は真似できても，人の心のなかに記憶され確立されている強い憧れやこだわりは容易に変えることはできない。ブランドはサイエンスとして，そしてアートとして，人の心のなかにずっと生き続けているものであるから。

【参考文献】

[1] P. F. ドラッカー（上田惇生訳）：マネジメント［エッセンシャル版］，p.vii, p.2, p.9, p.22–40, p.143–171, p.180–183, ダイヤモンド社，2004.
[2] 大阪府ホームページ＜大阪ブランド戦略＞，大阪に吹く新しい風「Brand-New Osaka」提言，p.6, 2003.
[3] 愛知ブランド検討委員会報告書＜資料編＞，p.29–31，愛知県，2004.
[4] K. L. ケラー（恩蔵直人，亀井昭宏訳）：戦略的ブランド・マネジメント，p.25, p.37, p.388–419，東急エージェンシー，2002.
[5] 飯島紳行：商標のすべてがやさしくわかる本，p.22, p.32, p.125, すばる舎，2002.
[6] 田川幸一：大阪府デザイン・オープン・カレッジ「商標権とブランド戦略」コース講義，2004.
[7] 本多誠一：デザインと知的財産権セミナー「意匠権の現状と活用ポイント」講義，2004.
[8] 青木幸弘，小川孔輔，亀井昭宏，田中洋：最新ブランド・マネジメント体系，p.ii, 日経広告研究所，1998.
[9] 田中洋：企業を高めるブランド戦略，p.146–149，講談社，2002.
[10] 渋谷清：大阪府デザイン・オープン・カレッジ「次世代ブランド管理法」コース講義，2004.
[11] 経済産業省ホームページ，ブランド価値評価研究会報告書，2003.
[12] P. Kotler, G. Armstrong：Principles of Marketing, p.244, Prentice-Hall, 1989.
[13] A. Wheeler：Designing Brand Identity, p.3, Wiley & Sons, 2003.
[14] 渋谷清：企業の成長とブランド構造の変化，食品加工技術，vol.23, p.93–96, 2003.

3 戦略的デザインマネージメントの課題と方法論

井口博美

3.1 商品レベルの「デザイン戦略」から経営トップ主導の「戦略的デザイン」へ

3.1.1 ブランド確立を照準に入れた「戦略的デザイン」の先行指標

(1) 企業生き残りのためのブランド強化戦略

　長引く景気低迷の中，何が業績不振から脱却する突破力・推進力となるのであろうか？　近年，日本の大企業での復活劇として，カルロス・ゴーン社長率いる日産自動車のV字回復はあまりにも有名な成功話となったが，自動車業界に限らず「ブランドの強化・確立」に対する認識は高まりを見せている。いたるところでブランドにかかわる戦略委員会やブランドマネージメントの部門化が行われるなど，一大ブーム化している感じすらあるが，その真価が問われるのはまさにこれからであり，デザインとの連携なしでは戦略的な成果は上がりにくいと断言できる。

　その点，日産自動車再生のための経営戦略は，いわゆるリストラを推進する一方で，デザインを主軸とした明快なブランド強化戦略によって見事に復活を果たした注目に値するケーススタディである。そこには，「利益ある継続的な成長」を遂げるためのブランド戦略と「世界をリードするデザインで，強いブランドを確立する」というデザイン戦略が有機的にリンクした「戦略デザイン」の実態が見て取れる[1]。かつてはクルマの造形部門でしかなかったデザイン部門が，いまやカスタマーのタッチポイントすべてに「日産らしさ」を感じてもら

うために，モーターショーブースの統一的展開，ギャラリーやディーラー店舗の改装を皮切りに，株主総会などのイベントプロデュースまでを手がけている。

(2) ユーザエクスペリエンスデザインの示唆するもの

　本書の第7章に登場する日本IBMのデザイン部門は，そのものズバリ「ユーザーエクスペリエンス（略称UE）・デザインセンター」という名称である。それ以前は，単に「デザイン」という看板だったのが，2003年に他社に先駆けて時代の要請に応じたデザイン部門の生まれ変わりの姿を象徴的に提示したのである。

　IBMによると，「人が体験することを時間軸で考え，そのすべてにデザインを施していくこと。ユーザーがその時，目にするもの，手に触れるものすべてに心地よさを演出し，思わず笑顔が溢れるようなデザインを施すこと。それが，私たちのユーザーエクスペリエンス・デザインなのです」と定義している[2]。同センターでは，ユーザにとって使いやすく，魅力的で，ブランド力のある製品やサービスのデザインを，人間中心のユーザセンタードデザインのプロセスに基づき，デザインコンサルティングとデザインサービスとして提供している。ちなみに同センターのメンバーは，UEリサーチ，UE評価，Webデザイン，工業デザイン，グラフィックデザインをコアに，多様なスキルのメンバーを必要に応じて加え，ユーザに統合的なデザインソリューションを提供するシステムによって運営されている。

(3) 経済産業省のデザイン政策動向

　次に行政的な視点から，デザインマネージメントの動向を概括しておこう。1950年代に始まったデザイン政策は90年代には徐々に縮小し，近年は限定的な支援のみに留まっていたものが，アジア諸国の急激な追い上げもあって楽観できない状況にある。もはや「Made in Japan」の日本ブランドとしての強さは遠い過去の話となり，技術力や価格競争では優位性を発揮できない日本にとって競争力強化に向けた「戦略的デザイン」の活用こそが決め手という見方によって，それが『競争力強化に向けた40の提言』としてまとめられた。そして，それに連動した新たな施策が動き出している。

その背景には，一部大手企業を除いて戦略的にデザインが活用されておらず無難なデザインがあまりに多いことや，また各社が売れ筋を指向した結果として類似したデザインが少なくないことなどが指摘されている。つまり，「デザインは，ブランドの重要な要素であるにもかかわらず，マーケティングやブランド化を念頭に置いたデザインの創造・活用に向けた取組みが不十分」（経済産業省）ということであり，官民をあげて"ブランド確立の近道"としての「戦略的デザイン」へ積極的に取り組むことこそが産業力強化のポイントであるとしている。つまり，「デザインは，コンセプト，技術，サービス等，ブランド確立に必要な他の要素を視覚的に表現するための重要な手段であり，『ブランド確立への近道』」ということなのである。

（4）戦略デザインのための「Design of design」（概念フレーム）

これまで見てきたように，今日におけるデザインマネージメントの具体的な課題として，いわゆるモノづくりの世界からコミュニケーションを含めたブランド構築の世界へスケールアップさせなければならない必然性がうかがえる。そのデザインマネージメント上の意識改革を促すために，まず「Design of design」という概念フレームを想定してみよう。

平たく表現すると，"大きなDesign"という括りの中に"小さなdesign"という概念領域があり，包摂関係にある。その"小さなdesign"というのは，従来の商品やサービスのデザインと割り切り，そこから逸脱するその他のデザインはすべて"大きなDesign"に属する領域としてイメージを描く。

この図式を企業の枠組みに照らし合わせると，"大きなDesign"に属する領域は経営・事業戦略的な目標や課題（戦略的テーマ）の収まり所で，その代表

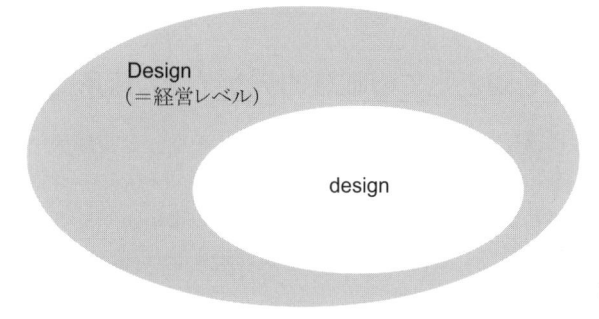

図3.1
「Design of design」の概念フレーム

的なもの，共通項的なものがブランド戦略である。よって，その包摂関係，あるいは二重構造となるデザイン領域において，経営・事業戦略的な目標や課題と連携をとった戦略性の高いデザイン（活動）を「戦略的デザイン」として捉えるのである。そこでは，すでにデザインマネージメントは全社的なレベルのものと意識され，デザインを戦略的に使う側と使われる側の両者がデザインの活かし所や価値表現上の訴求効果が高いデザインポイントを共有化する必要がある。

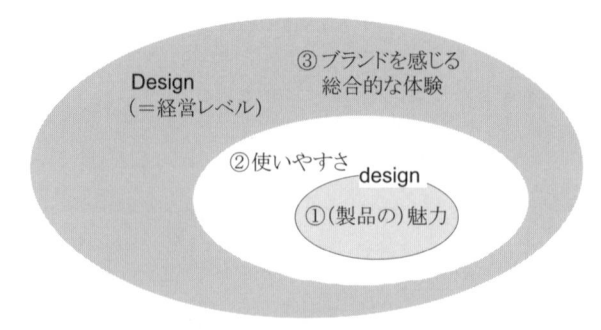

```
           ③ブランドを感じる
             総合的な体験
    Design
   (＝経営レベル)

        ②使いやすさ
                design
          ①(製品の)魅力
```

図 3.2
「Design of design」の概念フレーム（戦略的デザイン）

したがって，企業におけるデザインマネージメントの本質的課題として，デザイン部門の有無にかかわらず企業内において効率的な意思や思想統一を図る上で，次の3つのコミュニケーションツールとその共有化が必要不可欠となることを強調しておきたい。

──────── ＜3つのコミュニケーションツール＞ ────────

- ブランドや商品戦略などにかかわる「ロジック」（言葉）
- そのロジックの裏づけとなる「データ」（数字，グラフ）
- イメージを共有化するための「ビジュアル」（写真，スケッチなど）

3.1.2　ブランド確立の近道としての戦略的デザインの活用指標

　ブランドとは，消費者の意識の中にあるイメージの総体である。その源泉は，「商品やサービスにかかわるもの」「コミュニケーションにかかわるもの」「店舗・チャネルにかかわるもの」から「企業文化」に至るまで多種多様であるが，何といっても企業（メーカー）にとって最も影響力が大きいのは「商品」そのものであろう。

第3章 戦略的デザインマネージメントの課題と方法論

以下,「商品」に限定したところでの「ブランド」と「デザイン」について分析・評価した独自の調査について,そのアプローチ方法を簡単に紹介する(詳細については参考文献[3]を参照のこと)。実は,従来から「ブランド」と「デザイン」に密接な関係があることは共通認識されていながらも,個別の調査分析に終始しているのが実態で,その関係性分析や評価指標については言及されてこなかった。

(1) インターネットによる定量調査

ブランド力に対するデザインの貢献度の数値化を試みるために,ブランド力とデザイン力を併せ持つ企業を5業種にわたって7〜8社ずつ抽出・選択し,インターネットを用いたWebアンケート調査を実施。主な設問項目の＜標準メニュー＞は,以下の通りである。

- 購入重視点
- ブランド認知度
- ブランド購入経験
- ブランド購入意向
- ブランドイメージの良さ
- ブランドイメージ評価
- デザインの良さ etc.

(2) ブランド,デザイン部門に対するインタビュー調査

実際に企業の中で,ブランド確立のためのデザイン戦略がどのようにプランニングされ,ブランド部門とデザイン部門でどのようにマネージメントされているのかを実態把握するために,敢えて部門毎に別々にインタビュー調査を実施した。

業種にかかわらず,企業における「経営ビジョンの構築」や「経営戦略」「ブランド戦略」の中核として「デザイン」を実戦的かつ効果的に活用しようという基本姿勢は把握することができた。しかし,ブランド確立のためにはデザインの活用が重要なファクターと意識されているにもかかわらず,個別の共有課題に対してコンカレントな連携プレーがなされている場合は意外に少なく,関係性分析や指標化へのニーズがクローズアップされたことは特筆に値する。

(3) 戦略的デザイン活用指標抽出のための総合分析

「ブランド確立のためのデザイン活用指標」を検討するにあたり，上記(1)(2)の調査から得られた結果をどのような手法を用いて分析すべきかについて，ブランド関係とデザイン関係の有識者を交えてさまざまな議論を行った。その上で，ブランドとデザインの世界を融合して新たな方法論開発のために採用した試行的アプローチが以下の4ステップである（詳細については参考文献[3]を参照のこと）。その後，著者が執行役員を務めていた(株)イードでは，本調査研究で実施した方法論をベースに業種や商品分野ごとに柔軟に対応すべく多少改良を加えて独自の手法をいくつか開発しているので，その具体的方法については一部後述する。

Step 1 ブランド・デザインイメージ構造の把握

まず各業種ごとに，一般消費者の頭の中にあるイメージ構造を「ブランドイメージ」と「デザインイメージ」を総合したレベルで見るために，調査票上では別々に設定されていた評価対象企業のブランドイメージを問う質問項目とデザインイメージを問う質問項目を結合させて分析する。

Step 2 各因子の「重要度」の判定

次に，抽出された各因子が，それぞれどの程度「重要度」を持つのかを判定。重要度の判定には，外的基準を設ける方法と設けない方法があるが，本調査では（質問項目の選定段階での予備調査を行っていないため）外的基準を用いる。

Step 3 各企業の「因子別ブランド・デザイン力」の評定

これまで求めた業種ごとのブランドとデザインのイメージ構造を反映した形で，評価対象企業を評定する。具体的には，各因子の因子得点を全ケース（回答者×評価対象企業）について推定し，評価対象企業ごとにその平均点を求める。

Step 4 各企業の「総合ブランド・デザイン力」の評定

Step 3の方法の延長で，各企業の総合的な「ブランド・デザイン力」が算出できる。具体的には，企業ごとに上記で求めた因子別の「ブランド・デザイン力」をその因子の「重要度」（標準偏回帰係数）によって加重平均した値を求め，それをその企業の「総合ブランド・デザイン力」と見なす。

3.2 戦略的デザインマネージメントのための概念モデル

3.2.1 ブランド＆デザインイメージの構造分析（仮説）

　企業（メーカー）では，個々の商品については開発プロセスのどこかでデザイン評価そのものは社内・社外の違いはあっても当たり前のように行われている。しかし，自社のデザインイメージが商品群全体として市場やユーザ側からどのように捉えられているかということになると，まだまだ関心は高くなっていない。改めて言うまでもないが，ブランドイメージの最高峰として定評のあるソニー（株）は，ブランド力を司るデザインに対する意識の高さからSONY DESIGNあるいはSONY Styleというように，いち早く"デザインブランド戦略（デザインそのものを自らブランド化したコミュニケーション戦略）"をとっている[4]。昨今では，(企業)ブランドと各々の商品デザイン（評価）に介在するようなデザイン群全体を意識したマネージメント戦略が広がりつつあるが，ここではそのマネージメントレベルを「戦略的デザイン」と位置づけて考えてみよう。

　前述した「戦略的デザイン」に介在する関係性に着目して構造仮説化すると，図3.3のようになる。

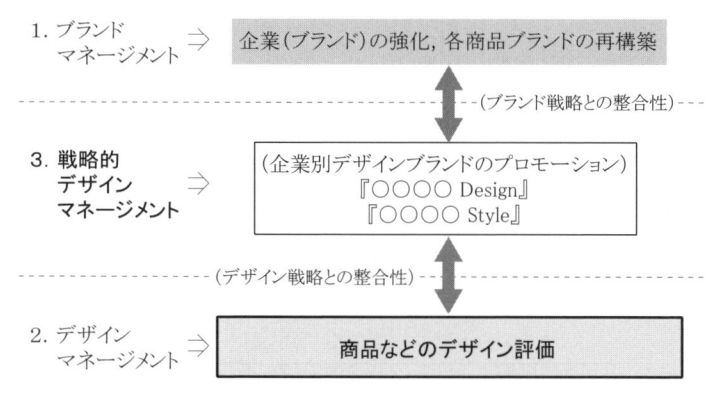

```
1. ブランド          → 　企業(ブランド)の強化，各商品ブランドの再構築
   マネージメント
                         ↕  ----(ブランド戦略との整合性)----

3. 戦略的            → 　（企業別デザインブランドのプロモーション）
   デザイン                 『○○○○ Design』
   マネージメント            『○○○○ Style』
                         ↕  ----(デザイン戦略との整合性)----

2. デザイン          → 　商品などのデザイン評価
   マネージメント
```

図3.3 戦略的マネージメントの位置づけとブランド＆デザイン構造仮説

　ブランドとデザインの相補関係をデザイン側から見てみると，図3.4に示すように，個々の商品の「デザイン（の評価）が優れている」（D1）ことによっ

て，デザイン群全体のアイデンティティやスタイルが認知される。それが定着化すると「デザインにその"メーカーらしさ"」が感じられるようになり，最終的には「デザイン先進企業」というイメージ（D3）によってブランドイメージに貢献するようになる。

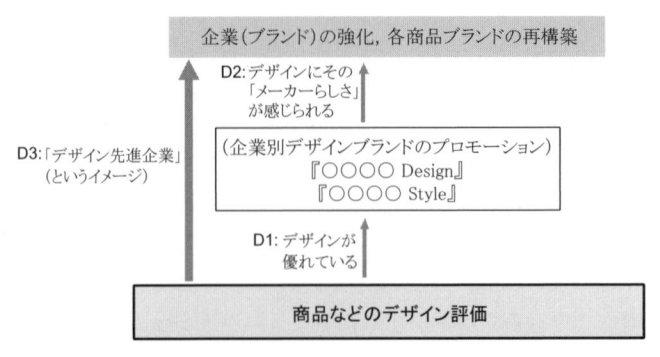

図3.4 デザイン側から見たブランドへのイメージ連鎖

次に，ブランドとデザインの相補関係をブランド側から見てみると，図3.5に示すように，漠然と「デザインが良いイメージ」（B1）がブランドイメージにあった上で，ユーザ側に「デザインの良い商品が具体的に思い浮かぶ」（B2）具体的対象としてヒット商品がイメージ訴求されるようになると，それがブランド力を牽引する機能となり「ブランドのイメージアップに（デザインそのものが）貢献している」（B3）状態を形づくり，ひいては有力な競争優位性となる。

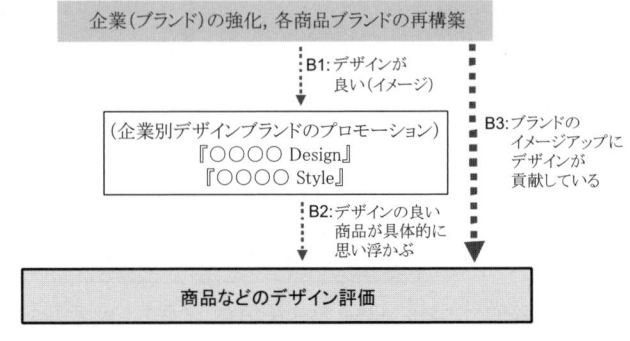

図3.5 ブランド側から見たデザインへのイメージ連鎖

以上のように，もともと表裏一体の関係にあるはずのブランドとデザインのマ

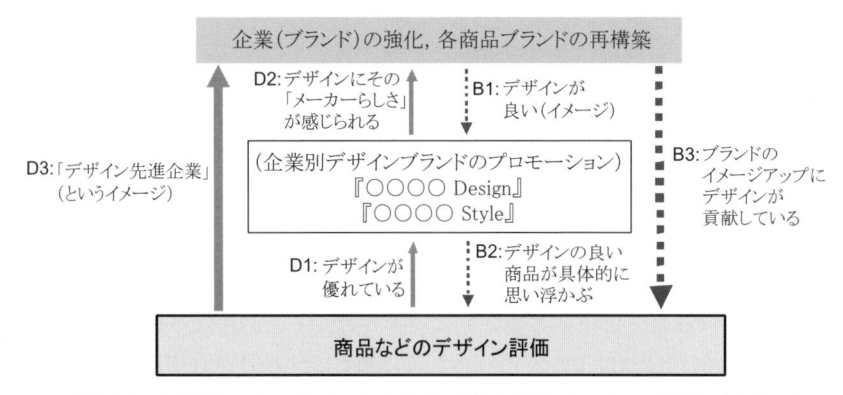

図3.6 戦略的マネージメントの位置づけと相互のイメージ連鎖（全体図）

ネージメントを有機的に戦略化（戦略的デザイン）すると，全体構造としては図3.6のようになり，より効率的で大きな相乗効果が期待できるはずである．

3.2.2 「戦略的デザイン」に則ったフォーメーション（先行事例）

その戦略的なデザインを上手くマネージメントするためには，デザインのアウトプットにメリハリを付ける必要がある．たとえば松下電器産業(株)（以下，松下電器）では，開発商品に対して前もって製品のデザインの重要度を5段階に分けており，最重要と認定されたものは「V商品」と位置づけて，そのデザイン決定には経営トップ自らが参画する会議で意思決定することになっている．ちなみに，その最重要と位置づけられる「V商品」の条件（考え方）とは

1. ブラックボックス技術：比較で勝つのではなく，「他社に無い尖った特徴」で勝つこと
2. 地球環境への配慮：省エネ，省資源など
3. ユニバーサルデザイン：一目で特徴がわかる「優れたデザイン」を持つこと

というように謳われている[5]．

さて，ここで言及しておきたい基本的な考え方について，多少古い事例であるがいちばんわかりやすいので，SONYの「S・A・Bフォーメーション」[6]を例にして，簡単に説明しておくことにしよう．

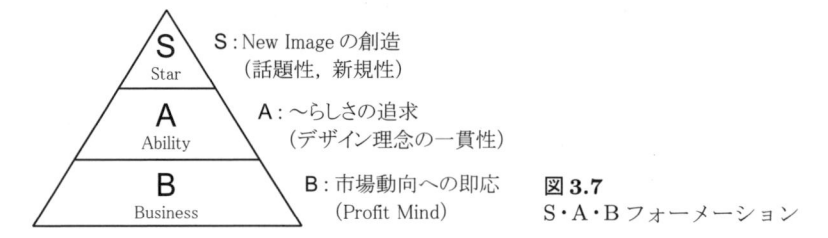

```
   S      S：New Image の創造
  Star      （話題性，新規性）
  A       A：〜らしさの追求
 Ability     （デザイン理念の一貫性）
  B       B：市場動向への即応    図 3.7
 Business     （Profit Mind）      S・A・B フォーメーション
```

そのエッセンスは，総体的なデザイン（ブランド）イメージを図3.7のような3レベルに分けることによって効率的に引き上げ，そこでの競争優位性を最大限にビジネスに結びつけようというところにある。S・A・Bそれぞれの戦略的目標レベルによって，ブランド力とデザイン力の相補性における依存度が異なる。

たとえば，「S：Star」はブランドイメージの頂点を司る新しいデザインのイメージリーダー的存在を目指すもので，実質的な販売台数は二の次で，「話題性，新規性」を追求する役割を担う。次に「A：Ability」は，企業独自の「〜らしさ」を表現しつつブランドの一貫した思想性をデザインで表現することにより，ブランドの優位性を維持すると同時にビジネス的にも中核を担う役割である。最後に「B：Business」というのは，デザイン的にはとくに突出したものはない普通レベルのものであるが，ブランド力の傘のもとで「同じようなデザインなら，こちらのブランドの方が良さそう…」ということで選択されることを狙う，市場動向即応のビジネス最優先のボトムレベル。実際のところは，メーカーの場合Sレベルというのはごくごく一部でしかなく，大半のデザイン部門が力を注ぐのはBレベルであって，このBレベルで量を稼ぎビジネスの実績につなげることが重要である。この辺は，企業にとってブランドやそれを左右するデザインイメージをどのようにマネージメントするかがいかに大切かを改めて認識させる証左である。そのようなわけで，これまで述べてきた「戦略的デザイン」の方法論とフォーメーションの考え方を上手く連携させることができれば，きっと事業的にも効果大の結果が呼び込めるはずである。

3.3 「戦略的デザイン」に向けての3大強化策とマネージメントツール

　（株）イードが手掛けてきた関連調査の結果を分析すると，成長企業の経営トップが求めるデザインの成功指標とは，概ねデザインの効果がトリガーとなって

"新市場の創出""既存市場の革新""既存市場の誘導化"につながるか，もしくは画期的な"差別化によるヒット商品創出（市場維持）"という実質的なサクセスに結びつくかというパターンに集約される。

その成功をデザインで収めるためには，従来の組織のあり方やマネージメント方法を抜本的に見直した上で，下記の3つのポテンシャル強化（策）とそれに対応したマネージメントツール（管理指標）が必要不可欠と考えられる。

＜3大ポテンシャル強化ポイントとその方策＞

- ブランド貢献力（→戦略性を高めたデザインマネージメント力）
- 先導開発力（→新コンセプトの方向性の見極め，先行デザインの強化）
- 自己組織力（→柔軟性に富んだ自己革新システム）

それでは，以下それぞれについて見ていくことにしよう。

3.3.1　"ブランド貢献力"強化のための「ブランド＆デザインの効果測定評価」

（1）ブランドイメージの定点観測（インターネット調査）

具体的なブランドイメージの評価項目としては，「企業としての安定力がある」「成長力がある」「技術が優れている」「時代や流行に乗っている」「広告・CMの表現がうまい」「商品の品質が高い」「サービスが良い」「信頼性がある」「親しみを感じる」「独自性を感じる」「環境問題に配慮している」「明るい感じがある」「若々しいイメージがある」「新しいことにチャレンジしている」など，いろいろ想定されるが，ブランドの強化ポイントであるデザインに関しては「デザイン的に優れている」という類の項目が含まれていることが一般的である。

とにかく，業種・業態ごとにそれぞれデザインの影響度は違うにしろ，モノをつくっているメーカーであれば，デザインに関する評価用語もブランドイメージをチェックする上で必須のものであることを強調しておきたい。それがブランドとデザインの関係を定点観測するブリッジ的役割を担い，デザインをより戦略的に活用するためには欠かせない初歩的データである。クルマや通信機器，ビジネス機器などのグローバル企業であれば，図3.8のようにインターネットによる定量調査と有識者による定性分析のセットが標準メニューとなる。

①グローバル・インターネット調査
　一般ユーザを対象に実施。20～30のデザインイメージ評価項目により定量的にデザインイメージを測定。

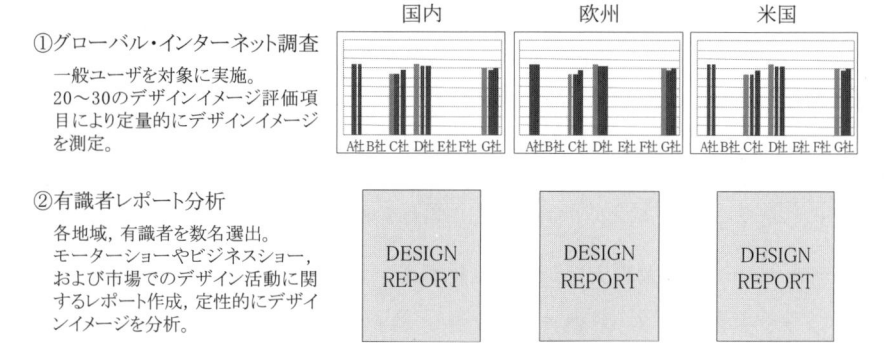

　　　　　国内　　　　　　欧州　　　　　　米国
　　　A社 B社 C社 D社 E社 F社 G社　A社 B社 C社 D社 E社 F社 G社　A社 B社 C社 D社 E社 F社 G社

②有識者レポート分析
　各地域,有識者を数名選出。モーターショーやビジネスショー,および市場でのデザイン活動に関するレポート作成,定性的にデザインイメージを分析。

　　　　DESIGN　　　　DESIGN　　　　DESIGN
　　　　REPORT　　　　REPORT　　　　REPORT

図3.8 ブランド＆デザインイメージの効果測定評価（グローバル）

（2）デザインイメージの定点観測（インターネット調査）

　前述してきたように，これまで個別の関係にあったブランドイメージ評価と各商品のデザイン評価をブリッジさせる役割を担うのが「デザインイメージの定点観測」（効果測定調査）である。全社的な戦略テーマであるブランドの確立や強化という課題に対して，デザインマネージメントにおける戦略的なアプローチがどのように狙った目標どおりに効果を発揮しているか，また今後の課題は何かということを適宜明確化するために，インターネットによる定量調査を定期的に行うのである。

　通常，インターネットによるアンケート調査は，戦略上のベンチマークとなる競合企業を含む数社との相対比較を行うことになるので，評価項目数は多くても20程度に収める必要があり，この辺りからノウハウを要するところである。重要なポイントとなるのは，その制約された評価項目数のなかで「デザイン標準項目」「業種別特定項目」「戦略テーマ項目」のカテゴリー的観点から，いかに多角的・戦略的な分析方法に耐えうる効率よくキレのいい評価項目をセットアップするかにかかってくる。もちろん，「デザインが良いと思う具体的な商品が思い浮かぶ」という設問にその商品名を聞くフリーコメント欄が設けられれば，それに越したことはない。

　実際の分析のアウトプットとしては，図3.10のように，デザインの総合評価を見ると同時に，デザインイメージのプロファイルを波形でチェックしながら自らの強み，弱みなどを定点観測することが主な作業となる。

第3章　戦略的デザインマネージメントの課題と方法論

ブランド＆デザインイメージ
構造分析項目
＋
競合企業相対比較項目
（プロファイル）
＋
デザイン戦略項目
＋

Q3. 以下のメーカー各社について各項目で
　　そう感じる度合いをお選び下さい

アンケート・イメージ

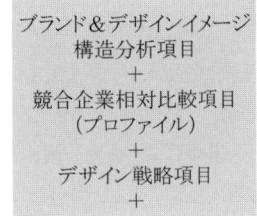

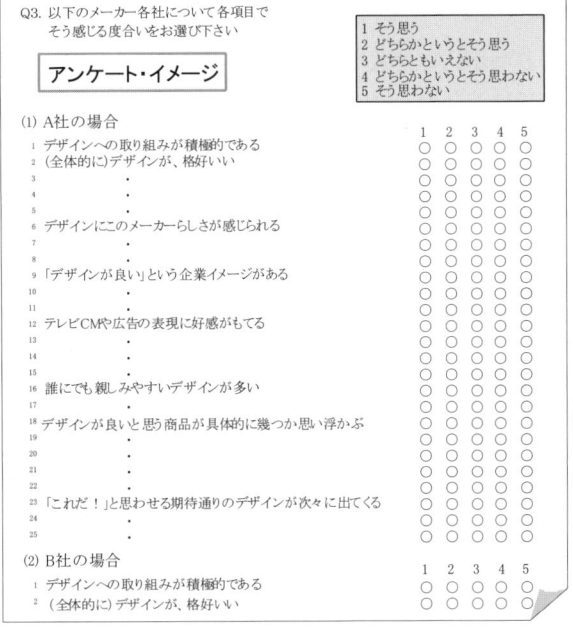

1　そう思う
2　どちらかというとそう思う
3　どちらともいえない
4　どちらかというとそう思わない
5　そう思わない

(1) A社の場合
1　デザインへの取り組みが積極的である
2　（全体的に）デザインが、格好いい
6　デザインにこのメーカーらしさが感じられる
9　「デザインが良い」という企業イメージがある
12　テレビCMや広告の表現に好感がもてる
16　誰にでも親しみやすいデザインが多い
18　デザインが良いと思う商品が具体的に幾つか思い浮かぶ
23　「これだ！」と思わせる期待通りのデザインが次々に出てくる

(2) B社の場合
1　デザインへの取り組みが積極的である
2　（全体的に）デザインが、格好いい

図3.9
ブランド＆デザインイメージの効果測定評価（デザイン中心）

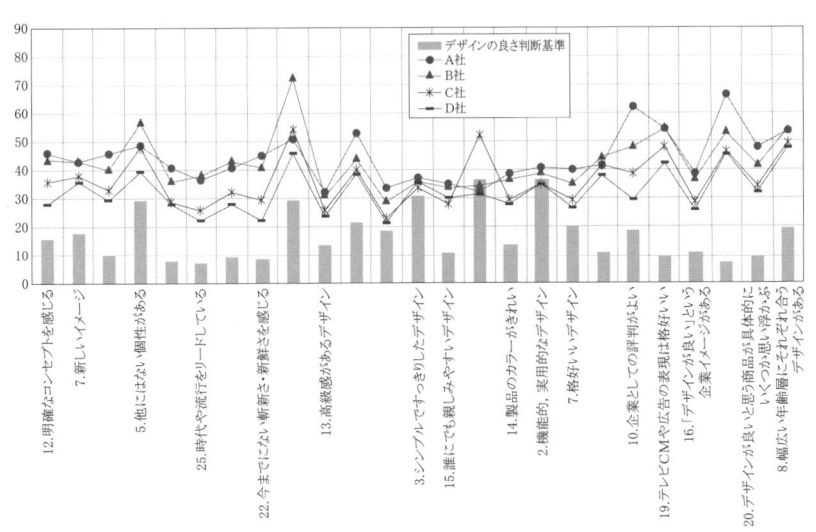

図3.10　デザインイメージ評価（定点観測）

(3) ブランド&デザインのポテンシャル評価（総合分析）

より戦略的で効果的な「ブランド戦略」や「デザイン戦略」について検討を行っていくためには，従来の単独の「ブランドイメージ調査」とは異なる，「ブランドイメージ」と「デザインイメージ」とを有機的に関連づけた評価・検証が行えるような新たな手法が求められる。その時代的な要請に応じて，(株)イードでは以下のようなステップでの新方法論として，戦略的デザインマネージメントのための「デザイン効果評価指標」調査を開発した。

業種や商品ジャンルの違いによって，当然ブランドやデザインの影響力が異なるので，それによって方法論もいくつかのアプローチに分かれるはずである。ここではクルマやAV機器のように，ブランドの影響力もデザインの影響力も両方とも大きいと考えられるゾーン（図3.11の太枠参照）を想定し，PC（パソコン）のケーススタディを例示することにする。つまり，このゾーンの特性としては，ブランドとデザインが表裏一体の関係にありながら場合によっては極めて大きな相乗効果を発揮できる領域であり，ブランドとデザインを共通項目で設定し実質的に評点をダブルカウント扱いしてもよいと考えられる。

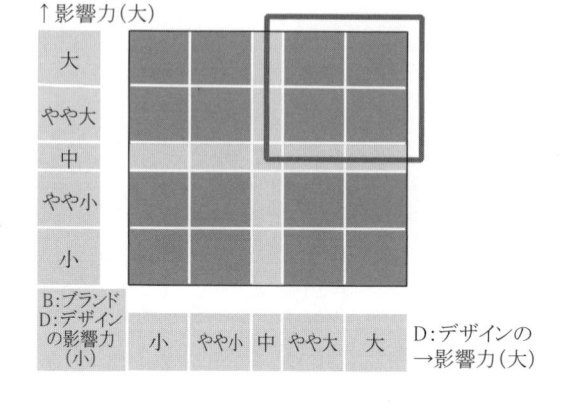

図3.11 ブランドとデザインの影響度関係によるゾーニング

また，その他の「ブランドの影響力は大きいが，デザインの影響力が小さい」ゾーンや「ブランド力の影響力は小さいが，デザインの影響力が大きい」ゾーンについては，ブランド設問項目とデザイン設問項目を個別にワーディングしてセパレートに分析する方法も用意している。ちなみに，太枠以外のゾーンでは，

別のファクターとして業種や商品ジャンルによって異なるであろう商品の「コモディティ（一般普及）度合い」について多少検討の余地があるかもしれない。

Step 1 商品についての「イメージ形成要素」抽出と「イメージ構造」の把握
　　まず，消費者の頭の中にある商品の「ブランドイメージ」や「デザインイメージ」について，それぞれのイメージを形成している「要素」を抽出し，セパレートに各「イメージ構造」の全体像を把握する（表3.1，表3.2）。

Step 2 「イメージ構造」を形成している要素間における関連性の明確化
　　「デザインイメージ」を構成しているどの要素が「ブランドイメージ」を形成するどの要素と深く関係しているのかを明らかにし，「ブランドイメージ」向上に向けた効果的なデザイン施策についての評価・検証を行う（表3.3）。

Step 3 「ブランド因子」間における指標の明確化
　　「ブランドイメージ」を形成している各要素ごとの指標を明らかにし，「ブランドイメージ」に対して消費者がどのような要素を重要視しているのかについて検証を行う（表3.4）。

表3.1　ブランドイメージを構成している要素

PCブランド6因子	因子					
	1	2	3	4	5	6
	ステイタス	先進・洗練	保証	伝統・信頼	フレンドリー	アイデンティティ
多少値段が高くても，このブランドを選びたい	0.602	0.145	0.080	0.112	0.160	▲ 0.001
このブランドを持っていると，人に自慢できそう	0.530	0.193	0.068	0.055	0.029	0.157
このブランドを持つことで自分らしさを表現できる	0.488	0.139	▲ 0.001	0.032	0.123	0.310
欲しい商品が次々と出てくる	0.391	0.278	0.083	0.057	0.292	0.012
先進的な	0.186	0.652	0.115	0.067	0.113	0.095
洗練されている	0.300	0.482	0.119	0.105	0.136	0.141
独自性がある	0.193	0.394	0.024	▲ 0.038	0.039	0.257
品質が良い	0.104	0.140	0.773	0.255	0.184	0.059
伝統がある	0.043	▲ 0.018	0.087	0.567	0.035	0.052
信頼性がある	0.113	0.072	0.346	0.476	0.233	▲ 0.016
技術力がある	0.087	0.316	0.381	0.428	0.011	0.053
親しみを感じる	0.088	0.025	0.166	0.089	0.477	0.006
広告にインパクトがある	0.131	0.146	▲ 0.003	▲ 0.011	0.326	0.192
地球環境に配慮している	0.075	0.058	0.003	0.199	0.235	0.141
企業の意志を感じる	0.156	0.211	0.057	0.112	0.141	0.535
分散の%	24.8	10.8	7.3	6.7	6.5	5.6
累積%	24.8	35.6	43.0	49.7	56.2	61.9
因子抽出法：主因子法						
回転法：Kaiserの正規化を伴わないバリマックス法						

表 3.2　デザインイメージを構成している要素

PCデザイン6因子	因子					
	1	2	3	4	5	6
	優越感	独自性	デザインの良さ	高級, 品質	識別	使いやすさ
人に自慢できそうなデザインである	0.646	0.213	0.190	0.229	0.102	0.003
デザインが良いことが, そのブランド商品を選ぶ理由の1つになる	0.517	0.250	0.241	0.212	0.067	0.063
自分らしさを表現できるデザインである	0.428	0.207	0.152	0.050	0.157	0.195
愛着がわくデザインである	0.324	0.164	0.232	▲0.052	0.196	0.290
そのブランドでデザインの良い商品が具体的に思い浮かぶ	0.309	0.284	0.219	0.184	0.264	0.134
他のブランドとは違う独自性があるデザインである	0.209	0.642	0.145	0.049	0.167	▲0.027
デザインにそのブランドらしさがある	0.325	0.445	0.090	0.136	0.147	0.064
時代や流行をリードしているデザインである	0.257	0.389	0.358	0.237	0.055	0.021
ロゴやシンボルマークのデザインが良い	0.191	0.155	0.482	0.112	0.372	0.031
商品のデザインが良い	0.219	0.214	0.449	0.246	0.112	0.165
広告宣伝のセンスが良い	0.154	0.075	0.439	0.154	0.116	0.098
高級感, グレード感のあるデザインである	0.187	0.100	0.182	0.493	0.102	▲0.013
品質の良さを感じさせるデザインである	0.070	0.076	0.138	0.485	0.098	0.330
ブランドのテーマカラーが思い浮かぶ	0.122	0.174	0.172	0.134	0.504	0.077
使いやすそうなデザインである	0.053	▲0.018	0.054	0.078	0.030	0.519
分散の%	30.7	8.0	6.9	6.4	5.7	5.2
累積%	30.7	38.7	45.6	51.9	57.7	62.9
因子抽出法:主因子法						
回転法:Kaiserの正規化を伴わないバリマックス法						

表 3.3　ブランドイメージとデザインイメージの関連性分析

			ブランド					
			1	2	3	4	5	6
			ステイタス	先進, 洗練	保証	伝統, 信頼	フレンドリー	アイデンティティ
デザイン	1	優越感	0.180	0.015	▲0.014	▲0.002	0.017	0.027
	2	独自性	0.059	0.099	▲0.005	▲0.003	0.008	0.045
	3	デザインの良さ	0.058	0.108	0.022	▲0.001	0.046	0.011
	4	高級, 品質	0.083	0.080	0.050	0.041	0.002	0.008
	5	識別	0.034	0.016	0.011	0.021	0.006	0.030
	6	使いやすさ	0.010	0.003	0.042	0.029	0.060	0.005

表 3.4　消費者から見たブランドイメージのファクター重要度分析

		総合指標
ブランド	ステイタス	0.086
	先進, 洗練	0.115
	保証	0.123
	伝統, 信頼	0.119
	フレンドリー	0.098
	アイデンティティ	0.009
	(定数)	1.647

第3章　戦略的デザインマネージメントの課題と方法論　**67**

Step 4　「ブランド」「デザイン」両イメージにおける「強み」「弱み」の抽出
「イメージ構造」を形成している各要素を企業別に分析し，商品についての「ブランドイメージ」や「デザインイメージ」における企業の「強み」と「弱み」を明らかにしていく（図3.12，図3.13）。

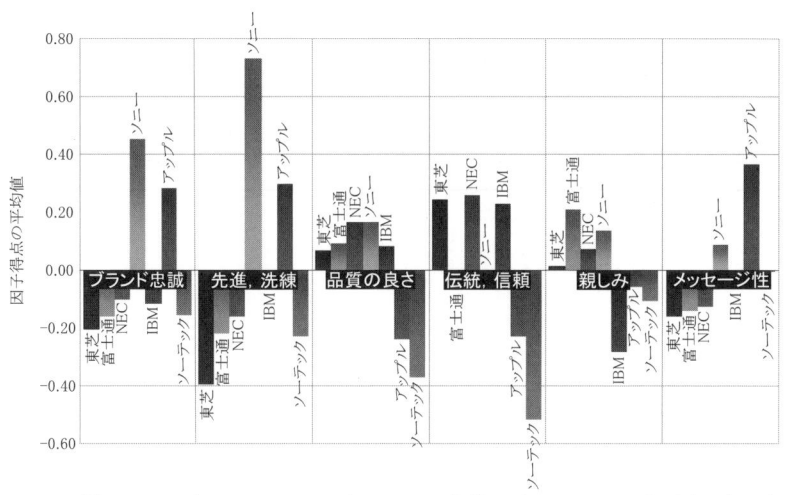

図 3.12　ブランドイメージにおける企業の強み・弱み分析事例（PC）

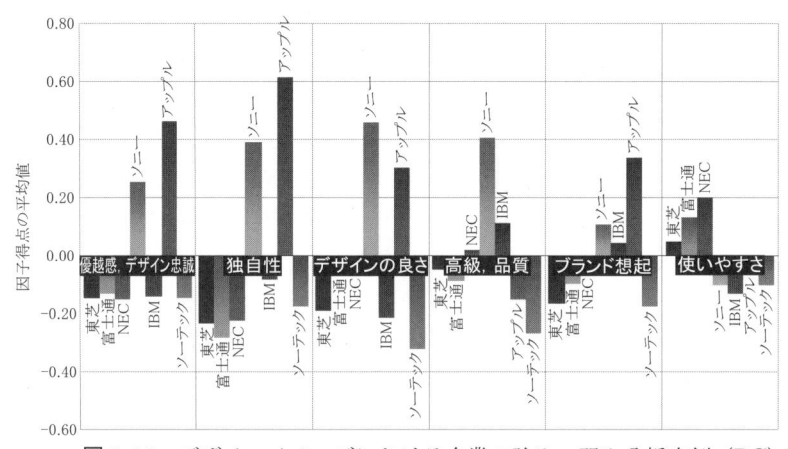

図 3.13　デザインイメージにおける企業の強み・弱み分析事例（PC）

Step 5 「ブランドイメージ」における企業のポジショニングと市場の現状把握

商品の「ブランドイメージ」において各企業がどのようなポジションに位置づけられるのか，また消費者が「ブランドイメージ」についてどのような意向を持っているのかなどを分析していくことで，市場動向の全体像を把握していく（図3.14）。

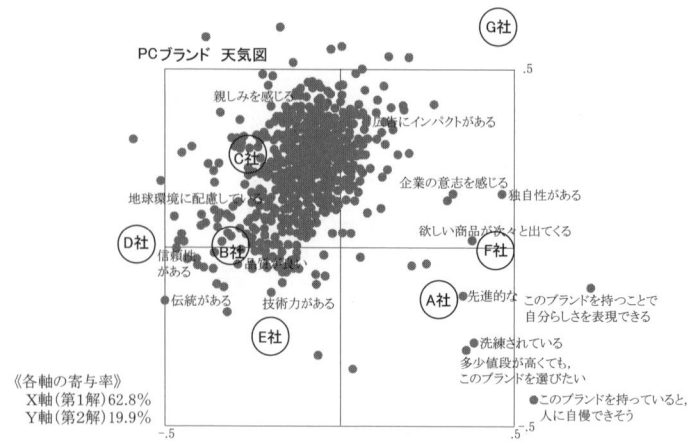

図3.14 ブランドイメージにおける各企業のポジショニング（PC）

3.3.2 "先導開発力"強化のための「デザイン天気予報」（デザイン基礎調査）

(1) 定性調査によるコンセプト（シーズ）開発

ブランドの強化や確立に向けて開発部門の貢献度を上げていくためには，独自性を訴求するために先行商品開発やオリジナル商品開発が有効である。そのように誰もがわかってはいても，投資が迫られる上にリスクも大きいとなると，経営側はついつい二の足を踏んでしまうのが実情と言える。

まずデザインが先導役を担って豊富にアイデアを出し，開発テーマに対してコンセプト（シーズ）の方向性をできるだけ間口を広げて多角的に俎上に載せる。そのときにできるだけ早く，基本的なコンセプト（方向性）の違いをラフでいいからスケッチに描き起こすことを推奨したい。なぜなら各コンセプトが

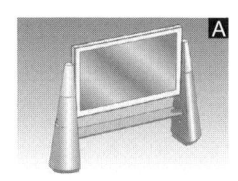

第3章　戦略的デザインマネージメントの課題と方法論　　69

A 両脇の脚はスピーカーを兼ねており，上部は中高音用，下部は低音用となっている。また左脚中央には，DVDプレーヤーが内蔵されている。画面部分の角度はある程度自由に動かせる。

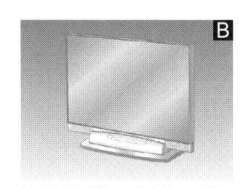

B 画面の下部の両側にスピーカーがついている。スタンドの前面のフタを開けると，操作パネルや接続端子がある。ローキャビネットや床上など従来のテレビと同様の場所に設置できる。

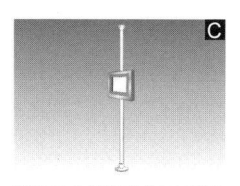

C 支柱の上部を天井に圧着し固定する。部屋のどの場所にも設置が可能。本体も，支柱の好きな位置に，金具で取り付けることができ，向きも容易に変えられる。

D DVDプレーヤーを内蔵している。アーム部分で折りたたんだり伸ばしたりして，画面の高さや角度を変えることができる。画面の両側にスピーカーを配した。

E ビデオデッキ一体型である。上部の取手で持ち運びが容易。取手は収納も可能。画面を多少上向きの角度にすることもできる。前面下部は，テレビ・ビデオの操作パネル。

F 壁などにフックを取り付け，そこに掛けて使用する。映像の表示のみに特化しており，スピーカーなどは外付けである。

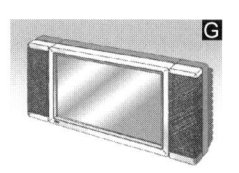

G 音を重視し，スピーカーを充実させた。ローキャビネットや床上など，従来のテレビと同様の場所に設置できる。

H 画面の右側にDVDプレーヤー，左側に電話機を配したマルチメディア対応型。画面にはテレビとは別に，住所録，スケジュールなどを表示させることもできるタッチパネル対応型。

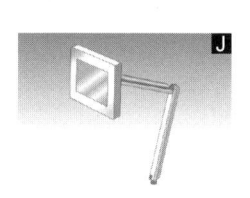

J 下部の金具で，机やベッドなどに取り付ける。アームを動かすことで，画面を，その都度好きな位置，角度に動かすことができる。

K 収納家具と一体型である。画面部分の上下は，扉付きの収納棚となっている。画面部分の両側はスピーカー。

図 3.15
薄型テレビの先行デザイン10案
（代表的シーズ）

イメージレベルであれ具体的な絵で描き分けられるということは，それらを仮説検証のための調査ツールとして早い段階で想定ユーザの反応を取ることもできるし，またそれが発想の刺激剤となって新たなコンセプトやアイデアを喚起することにもつながるからである。

以下，数年前に(株)イードで行った薄型テレビの調査事例を題材にして重要なポイントをレビューするが，まずは想定される多種多様なデザイン案からデザインの代表選手（基本コンセプト案の典型）を抽出し，それを図3.15のように単純明快なイラストとして起こす。評価対象となるイラストは商品戦略的なステージと目的によって，将来の市場予測を兼ねて意匠公報のデータベースなどを使って作成する場合と社内コンペでの検討案を網羅するかたちでセレクトする場合の2つのケースに大別されるだろう。

後は，これらを使って仮説検証のための単独の定性調査を行うか，またはちょっと大掛かりになるがインターネットなどによる定量調査によって評価・検証する。その結果，開発段階で有力なコンセプト（ニーズ）の方向性を確認したり，各案の強み・弱みを把握することができ，それをデザインの軌道修正などにフィードバックできるので，成功の確率を上げる有力なツールとなりうるのである。

(2) 定性・定量調査による将来生活ニーズ開発

次のステップとしては，その新商品がどのような魅力として受容されるのか，生活の中に溶け込んでいくのかを，将来ニーズ側（ユーザ側）から把握する。具体的には，社内でのブレーンストーミングや社外クリエーターなどを起用してその新商品を使っての楽しみ方などのアイデア展開をしたうえで，定性調査にかけて有力な数案に絞り込み，イラストに起こす（図3.16）。

(3) インターネット調査による「デザイン天気予報」

最後のステップとしては，上記2つの調査から導き出された「先行デザインの（代表的な）コンセプト10案」と「将来生活ニーズを表す（典型的な）使用シーン8案」を調査ツールに活用して，(株)イードが独自に開発したインターネット調査による「デザイン天気予報」調査（デザイン将来ニーズ＆市場予測調査）に展開する。これらのビジュアルデータは，インターネットの特徴である画像データを用いたアンケートに利用することにより，より具体性を持った

第3章　戦略的デザインマネージメントの課題と方法論　　71

L 台所（キッチン）に薄型テレビを置き，料理や洗い物などの家事をしながら，テレビを見る。	 M 浴室の壁面に，薄型テレビを取り付け，浴槽につかりながら，テレビを見る。	 N 居間（リビング）などの床（フロア）上に，薄型テレビを置き，テレビを見る。
 P 居間（リビング）などの壁面に，キャビネット一体型の薄型テレビを置き，テレビを見る。キャビネット部分に，ビデオなどの収納もできる。	 R 居間（リビング）などの壁面に，薄型テレビを取り付け，テレビを見る。	 S 子供部屋などの机の上に，ゲーム・スピーカー付きの薄型テレビを置き，テレビを見たり，ゲームを楽しむ。
 T 書斎などの机の上に薄型テレビを置き，1人でゆっくりテレビを見る。パソコンのモニターとしても使用できる。	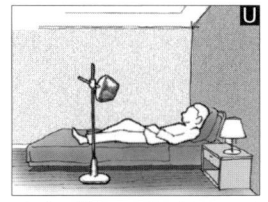 U ベッドの脇に，スタンド・アーム付きの薄型テレビを置き，横になるなど自由な姿勢で，テレビを見る。	図 3.16 薄型テレビの将来生活ニーズ8案（典型的な楽しみ方）

精度の高い分析を可能とするところが重要なポイントである。

「天気図」とは，評価物×評価用語のマップ（イメージマップ）上に，さらに評価者をポジショニングしたものである。マッピングの手法は，コレスポンデンス分析を用いる。数千人単位の評価者がいる場合は，各人の点の分布（個人個人が最も好んでいるデザインのポジションが1つ1つのドットとして目盛られる）が密度に応じた濃淡になり，雲のように見える。この動きを定点観測的に時系列で捉えると，あたかも「天気予報」のように開発段階でマーケットの動向予測がコンセプトの評価・検証と同時並行的にできるのが特徴である。

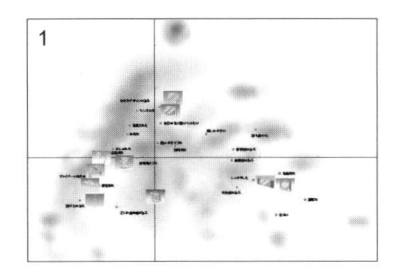

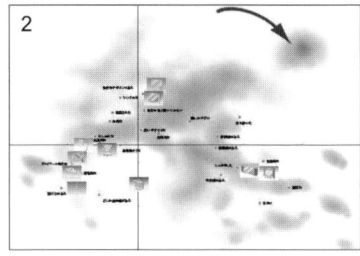

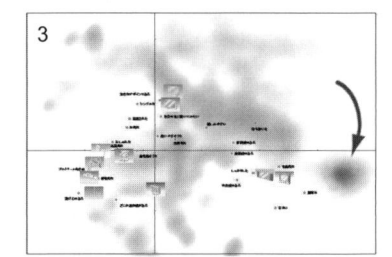

図 3.17
「デザイン天気図」
に見る時系列的変化
(デザイン天気予報)

3.3.3 "自己組織力"強化のための「組織・人材マネージメントシステム」——「業績評価制度」の導入や「コンピテンシー評価」による組織力診断

　つねにデザイン界のリーダーシップを取ってきた松下電器が，やはり先陣を切ってパナソニックデザイン社として組織的に生まれ変わった[7]。その新組織が目指した方向は，「専門力の強化」であり，創造的な集団であれば最も正攻法に近い路線であろう。しかし，その対極的なアプローチとして，21世紀型の創造的組織の方向としては「いかに従来の膠着化したデザイン組織に新しい血を入れて，多彩にジェネラル（一般）化するか」という路線もあるはずだ。

　ところが，そのモデルケースは意外と少ない。そこで，組織における新たな創造的マネージメントのあり方や人材の活用法を考える上で，(株)イードをその実験台に上げてみたいと思う。もともと社名のイードというのは，Interface in Design の頭文字 IID からとったもので，デザインとマーケティングを基軸にリサーチ＆コンサルティング事業を総合的に展開している70名規模の会社で，「創造型プロ事業集団」を目指している。

別にモノをつくっているメーカーではないので,人材（スタッフ）こそが最も大切な経営資源となっており,その専門領域としては,経営コンサルティングをはじめマーケティング,デザイン,エンジニアリングなど,実に多岐にわたっている。

つまり,その専門領域の異なる混成部隊を創造的でダイナミックな組織としてマネージメントし,独自のコアコンピタンスをもってクライアント企業のニーズに貢献することが社会的使命なのである。たとえば,デザイン出身者も（デザイン事務所ではないので）デザイナーとしての専門的な知識やセンスを幅広い分野に応用することを基本的スタンスとして,デザインワークに入る一歩手前のところでリサーチャーやコンサルタントとして自らの創造性を発揮している。ここに,21世紀型デザイン組織を考える上での何らかのヒントと実験的要素を内包しているモデル的側面があるように思う。

(株)イードの人材マネージメント上のユニークな点は,たとえデザイナーのようにクリエイティブな専門性の強い人材であっても,必要以上に"特別扱い"しないことだ。あくまで,各々の専門性の違いを超えた,男女平等,(年齢にかかわらない)実力主義,成果主義の一貫した考え方がその根底にある。そのマネージメントシステムは,昨今の企業内デザイン組織の質的変化に十分対応するものと考えられる。そして,個々人の専門性を多角的に活用しながら組織のポテンシャルを上げていくための仕組みづくりと表裏一体の関係にあるのが「評価システム」である。

そこで最も大切な点は,個々人の実績を評価する前提に立って具体的な目標設定を定期的に課すことである。(株)イードでは,マネージメント層と準マネージメント層を対象に「業績評価制度」という仕組みがあり,年度ごとに前年度の実績を厳密に評価して年俸が決定されるとともに,次年度の具体的な目標を経営トップや部門マネージャーと合意した上で設定する。

その目標設定に対応した評価システムは,定量的な「実績評価（売上げ）」と「定性的評価」で構成されている。前者が経営側から与えられるノルマ的性格が強いのに対して,後者は自発的な性格を持ち,社員の自主性と専門性などが配慮されている。目標設定においては,個々人と合意の上で具体的な数字やテーマを共有化するところに大きな意味があり,その達成度合いに応じて1.コミットメント（最低必達目標）,2.ターゲット（標準的目標）,3.チャレンジ（挑戦

的目標）というようにレベルを設定することが社員の意識を喚起する上でも非常に効果的である。

　デザイン部門などの組織マネージメントのコンサルティングを行う場合，とかく専門職に近いほどその扱いに苦労している現状に直面することも多いが，その専門性をスポイルすることを回避しながら組織自体の閉鎖性・膠着性は打破していかなければならないだろう。その難易度の高いテーマに対して果敢にトライすべく，自らも社会的実験台となりながら組織マネージメントに有効な方法論を試行しているところであるが，その中から一般性が高く基本的なフレームを検討する上で参考にしやすい「コンピテンシー評価」を紹介しておこう。(株)イードでは人事・組織系コンサルタント会社とも連携して，デザイン部門のポテンシャルを測る組織診断の一方法論として使用するばかりでなく，自社の社員教育システムにも応用している。

　まず「コンピテンシー」というものを簡単に説明しておくと，元々はハーバード大学の心理学者マクレランド教授が1970年代から研究を始め，その後も長い年月を費やして実用化したもので，高業績者の成果達成の行動特性をモデル化したもの[8]。その後，アメリカで1990年代前後から実用化され，人事への導入が始まり，日本にも紹介されて今日に至っている評価システムである。よって，ここで取り上げる評価システムというのは，コンピテンシー（好業績者の行動特性）に基づいた行動ベースでの評価が基本となっている。その主な特徴として，(あくまで行動ベースでの評価に帰結させることから)従来の評価システムに欠落していた評価の曖昧さや恣意性を排除した客観的かつ詳細な評価分析が可能で，設問内容そのものが社員のモチベーションに好影響を与え，個人個人の能力・キャリア開発が容易となる。また，業態や企業特性・規模，アイデンティティ，顧客特性などにより評価項目構成をカスタマイズすることによって，実態に即したオリジナリティの高い評価システムに仕立て上げることができる，というのがセールスポイントとなっている。そのコンピテンシー評価の代表的な領域には以下のようなものがあり，それらについて，社員の職種・職位などに応じて設問項目を組み合わせて評価シートを作成することになる。

□ **個人成熟性**（評価）
　　職種共通に個人にとって必要とされる基本的なクラスター
　　　【設問項目例】柔軟性，ストレス耐性，徹底性，活動性，チャレンジ精神，チーム精神，etc.

【設問例】
　　　柔軟性:「相手の状況や動向を察知して、ニーズに合った提案をしている」
　　　徹底性:「最後まで目標達成をあきらめず、打てる手はすべて打っている」

□ **業務・対人関係力**（評価）
担当業務における仕事への取り組み方や対人関係で要求されるクラスター
【設問項目例】業務効率、プレゼンテーション力、目標達成力、交渉力、業務安定性、問題解決力、企画力、etc.
【設問例】
　　　業務効率:「業務の手際、要領を考え、効率よく業務をこなしている」
　　　プレゼンテーション力:「方針展開やプレゼンテーションにおいては、論点・訴求ポイントが定まっており、要領よく説明している」

□ **マネージメント，管理育成力**（評価）
部下を育成・管理・指導する上で必要とされるクラスター
【設問項目例】理念共有、育成、権限、公平性、目標管理、経営参画、etc.
【設問例】
　　　理念共有:「会社の経営理念やビジョンを物事の判断基準に据え、スタッフにもこれに沿って行動するように伝えている」
　　　育成:「日頃からスタッフには自ら声をかけ、仕事に役立つ最新情報や意見交換を行う機会を設けている」

□ **認知・思考力**（評価）
経営環境や物事の変化を察知し、多角的に分析・思考する上で必要とされるクラスター
【設問項目例】状況認識、情報感度、理解力、変化適応、概念的思考、分析的思考、戦略的思考、etc.
【設問例】
　　　理解力:「相手の言いたいことを正確に理解し、それについて発言する場合には相手よりうまく表現している」
　　　変化適応:「業務遂行にあたり、代替案や予防策をつねに複数用意し、状況の変化に臨機応変に対応している」

□ **専門性**（評価）
担当業務を遂行する上で必要とされる専門的なクラスター
（【設問項目】と具体的な【設問】は、業種・業態に対応した形で任意に設定）

　以上、21世紀型のデザイン組織のあり方を検討する基本路線としては、従来のデザイン能力を核として、1.さらに専門性を高めることで組織のポテンシャ

ルを強化するアプローチと，2.ジェネラルな異分子取り込み型を指向するアプローチが想定されるが，いずれからスタートするにせよ，最も柔軟性のある現実解としては個々の企業（文化）に即した形での3.両者のミックス・バランス型になるのではないかということを強調しておき，この章の締めくくりとしたい．

【参考文献】

[1] 検証・日産モデル デザイン主導の企業改革，日経デザイン，2003/7月号，p.44–74.
[2] IBM企業ホームページ，ユーザーエクスペリエンス・デザインセンター.
[3] 産業研究所：ブランド確立のためのデザイン活用評価指標に関する調査研究，2004.
[4] 朝日ソノラマ編：ソニーデザイン，朝日ソノラマ，1993.
[5] セミナー講演資料より
[6] 先進ヒット企業のデザイン戦略，FP BOOKS，p.40–45，学研，1990.
[7] 激変! 家電のデザインマネジメント うず巻く遠心力と求心力，日経デザイン，2002/6月号.
[8] 太田隆次：アメリカを救った人事革命 コンピテンシー，経営書院，1999.

4 知財マネージメントの重要性

森　則雄

4.1 デザインに関係する知的財産権

　知的財産権は，特許権，実用新案権，意匠権，商標権の産業財産権（これまで工業所有権と呼ばれた）と著作権，不正競争防止法による保護その他から成り立っている。デザインは，技術，造形，記号などの諸領域が総合されたものであるため，デザインに関係する知的財産権はいくつもの法域と重畳しており，

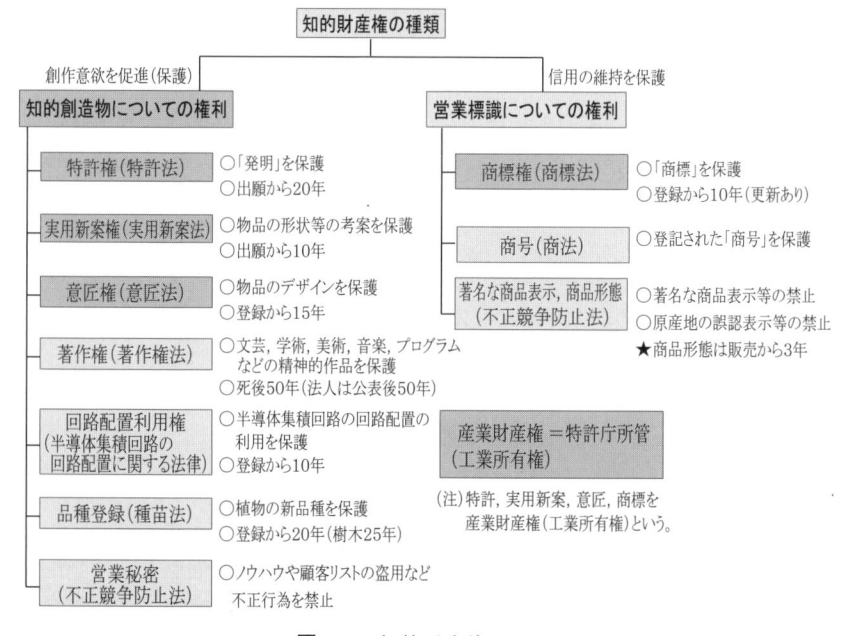

```
                    知的財産権の種類
         ┌──────────────┴──────────────┐
    創作意欲を促進（保護）              信用の維持を保護
   知的創造物についての権利          営業標識についての権利

   ├─ 特許権（特許法）          ├─ 商標権（商標法）
   │    ○「発明」を保護         │     ○「商標」を保護
   │    ○出願から20年           │     ○登録から10年（更新あり）
   │
   ├─ 実用新案権（実用新案法）   ├─ 商号（商法）
   │    ○物品の形状等の考案を保護│     ○登記された「商号」を保護
   │    ○出願から10年            │
   │                              ├─ 著名な商品表示，商品形態
   ├─ 意匠権（意匠法）           │    （不正競争防止法）
   │    ○物品のデザインを保護    │     ○著名な商品表示等の禁止
   │    ○登録から15年            │     ○原産地の誤認表示等の禁止
   │                              │     ★商品形態は販売から3年
   ├─ 著作権（著作法）
   │    ○文芸, 学術, 美術, 音楽, プログラム    産業財産権＝特許庁所管
   │     などの精神的作品を保護              （工業所有権）
   │    ○死後50年（法人は公表後50年）
   │                              （注）特許, 実用新案, 意匠, 商標を
   ├─ 回路配置利用権                  産業財産権（工業所有権）という。
   │  （半導体集積回路の
   │    回路配置に関する法律）
   │    ○半導体集積回路の回路配置の
   │     利用を保護
   │    ○登録から10年
   │
   ├─ 品種登録（種苗法）
   │    ○植物の新品種を保護
   │    ○登録から20年（樹木25年）
   │
   └─ 営業秘密
       （不正競争防止法）
         ○ノウハウや顧客リストの盗用など
          不正行為を禁止
```

図 4.1　知的財産権の種類

それらを効果的に組み合わせて戦略的に活用する必要がある。

　特許権，実用新案権，商標権については解説書がたくさん出版されているので，意匠権を中心に，特許権を必要に応じて引用しながら，著作権，不正競争防止法による保護にわたり，デザイナーが知っておきたい基礎知識について説明する。

4.2　デザイン創造サイクル

（1）知的財産立国の推進

　日本の国際競争力は，1990年をピークに2002年には30位に低下したと言われている。回復の決め手は何だろうか。

　日本の技術力，デザイン力は，分野の違いはあるものの高い水準にあり，知的財産権（特許権など）の取得件数では世界で1，2位を誇っているのに，知的財産の投資に対する利益の回収となると，いくつかの先進例はあるものの，国全体としては遅れた水準にあるとの指摘を受けて，アメリカが1980年代にプロパテント策（特許強化策）で競争力再建に成功した経験に学び，知財立国日本を国是とすることが提唱された。

　こうしたことから，平成14年11月27日には知的財産基本法という法律が成立し，総理大臣を本部長とする知的財産戦略本部が設置され，平成15年7月には知的財産推進計画（知的財産の創造，保護および活用に関する推進計画）が策定され，これには270項目が盛り込まれた。この中に，デザインについての課題も盛り込まれたが，その内容については，平成15年6月の「デザインはブランド形成の近道（デザイン政策ルネッサンス，競争力強化に向けた40の提言）」（経済産業省ホームページ）でも詳細に報告されている。

（2）開発・保護・活用のサイクルを確立する

　デザイン開発は，デザインコンセプトに始まり，デザインコンセプトを具体化し，これを繰り返し検証しながら，最終デザインを決定し，知的財産化や商品化という過程をたどる。そしてその知的財産に集約された価値を活用し，次のステップの開発につなげるという一連のルーチンを繰り返すが，この創造サイクルを確立し，上手に回転させることが大事な課題となってきている。

戦後のデザイン政策は，デザイン模倣から脱するためのグッドデザインの振興策（Gマーク制度）が中心にあり，今日では日本のデザイン水準は世界に比肩するまでになっている。だが一方では，高度経済成長の追い風にのってデザインを大量に開発（消費）してきたが，その割にはデザインの価値に対する国民的評価は必ずしも高くない状況がある。たとえば，デザインの日本経済への貢献度について見てみると，売上げは年2兆4千億円程度であり，GDP（国内総生産）に対しては0.5％にすぎないという数字があるが，イギリスの場合は，これが2.8％と言われている（経済産業省）。また，せっかく優れたデザインを知財化しても，そのデザイン知財の価値を眠らせたままにし，十分に活用することなく使い棄てるという宝の持ち腐れの状況も放置されたままである。「デザインはブランド形成の近道」は，その中で，経営者やデザイナーに向けて，デザインの経済的効用，実践的デザイナーの育成，デザイン知財の戦略的活用などの重要性を発信しているところである。

(3) 日本ブランドの世界ランキング

インターブランド社（アメリカ）の2002年ブランドランキング調査によると，1位はコカコーラ（696億ドル，約7兆円）で，日本企業は12位のトヨタ（194億ドル，約2兆円），20位のホンダ（150億ドル，約1.6兆円）と続くそうで，総じて高くはない。コカコーラ（696億ドル，約7兆円）のブランドの資産価値は，会社を合併・吸収する際のブランド代金に対する支払い額とでも考えておこう。

「デザインはブランド形成の近道」でいうブランドとは，狭義のBRAND（商標）ではなく，「企業・商品・サービス等と顧客・生活者等の間にあるタッチングポイント（『独自の世界』）に構築された有形無形の価値」とでもいう，もっと広義な意味合いのものである。

ブランドは，技術×デザイン×商標×技術・デザインの知的財産×宣伝×経営×…のさまざまな要素から成っており，しかも足し算ではなくかけ算であり，相乗的に大きく効果する反面，ブランドが破綻した会社の例を見ても，どれかの要素がゼロになれば，ブランド価値はゼロになってしまうというリスクも伴う性格のものである。

ブランド価値は，オンリーワンを創造するデザインとその知財の力なしには成り立たない。

4.3 開発・権利化段階におけるデザイン知財のマネージメント

(1) 感覚(感性)要素を法律判断する難しさ

デザインは感覚(感性)要素も取り扱う知的創造活動である。意匠法の役割は,この創作されたデザイン成果物の「美しさ」であるとか,デザイン同士が「似ている」とかいった感覚(感性)上の価値,内容を法律的に判断して保護し,産業上の利用を促進することにある。

なかでも,デザインが似ているかどうかの判断(通常「類否判断」と呼んでいる)がその代表である。たとえば,パーソナルコンピュータの表示部(背面側斜視図),連結部,本体部の3つのエレメントを組み替えたデザインのバリエーション(登録事例)が並んだ図がある(図4.2)。類似するもの同士の組み合わせを考えてみてほしい。これらデザインの類否判断の実際に当たっては,直感で決めるわけではない。特許庁では,数百万件の先行デザインを蓄積する我が

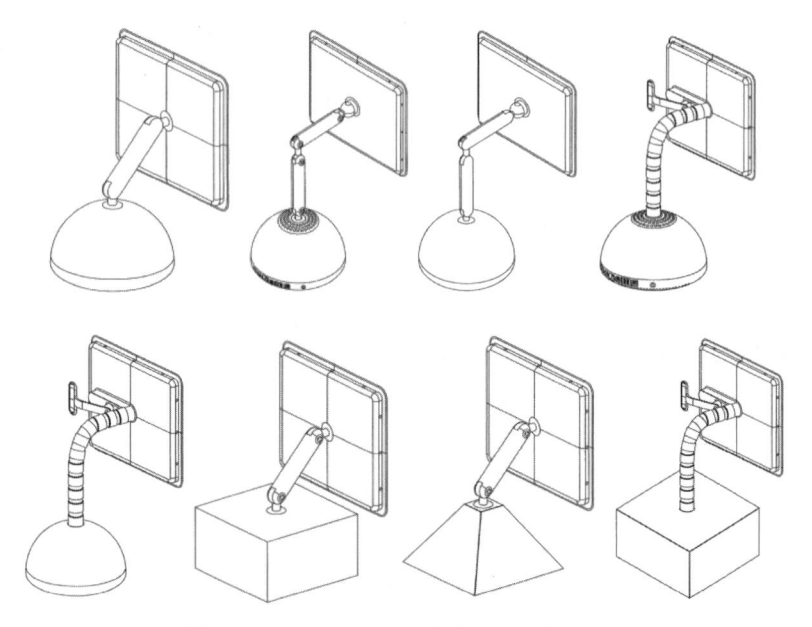

図4.2 似たもの同士のデザインの類否判断

国唯一の「デザインデータベース」を検索し，出願のデザインの背景や水準，審査例・審判例・判決例などの資料を徹底して調べるプロセスと各種の観察手法などによって，客観的で，納得できる理由と結論が得られるよう運用している。

(2)「意匠登録（特許）を受ける権利」は創作者個人に帰属する権利

　権利というものを考える場合，権利の客体が何なのかということと，権利の主体が誰であるか，すなわち権利が誰に帰属するかということがたいへん大事である。

　デザインや発明の創作が完成したときから，産業財産権法の規定が働き，意匠登録（特許）を受ける権利というものが発生する。出願し，登録（特許）を受けることができるという権利である。デザインや発明は，人間の知的頭脳労働の成果であるため，意匠登録（特許）を受ける権利の帰属は，たとえ会社の職務によって創作したデザインや発明であっても，原始的には，従業員である創作者個人（デザイナー）に帰属することを認めている。この点についてのデザイナーの権利意識は意外と希薄（知られていない）だが，職務創作やデザイン契約を考える上でたいへん重要なポイントである。

　そして，創作者個人（デザイナー）に帰属する意匠登録（特許）を受ける権利に基づいて出願して出願人となり，登録を受けて意匠権者や特許権者になるわけだが，意匠登録（特許）を受ける権利は，出願前にあっては当然のこと，出願後においても他人（勤務先会社も含め）に移転することができる。

　　《参考条文》
　　特許法第29条（特許の要件）　産業上利用することができる発明をした者は，次に掲げる発明を除き，その発明について特許を受けることができる…
　　意匠法第3条（意匠登録の要件）　工業上利用することができる意匠の創作をした者は，次に掲げる意匠を除き，その意匠について意匠登録を受けることができる…
　　特許法第33条（特許を受ける権利）　特許を受ける権利は移転することができる…

(3) 職務上創作したデザイン（職務創作）の「相当の対価」

　日本にはデザインを職業とする人が17万人ほどおり，そのうちの半数強がインハウス（企業内）デザイナー，残りの半数弱がフリーランスデザイナーと言われている（国勢調査など）。インハウスデザイナーなどが職務上創作した成果物を，職務創作（特許であれば職務発明）といい，特別の規定を置いて使用

者等と従業者等のバランスをとっている。つまり，職務創作（デザイン）の場合であっても，意匠登録を受ける権利は，原始的にはデザイナーに帰属するが，デザイナーに一方的な独占的権利を認めてしまうと，企業活動が立ち行かなくなってしまう。

そこで，従業者等がした職務創作（職務発明）については，従業者等（デザイナー，技術・研究者）が意匠登録（特許）を受ける権利を会社に承継するインセンティブとして，従業者等に「相当の対価」の支払いを受ける権利を認めると法律で定めている。

職務発明の「相当の対価」の額が数千円から数万円というのが多いようだが，「相当の対価」を巡っては，社内規定の見直しや訴訟が多発し，数百億円に上る額の対価の支払いを命じる判決が出始めたことから，使用者等，従業者等の双方から，職務発明規定の改正の気運が高まり，平成17年4月1日からは，契約，勤務規則その他の定めにおいて「相当の対価」について定める場合に，その定めたところにより対価を支払うことが不合理と認められない限り，その対価がそのまま「相当の対価」として尊重される新職務発明規定が施行された。

対価の算定方式としては，その発明に基づく出願時の（登録時の）期待利益の〇％（その特許に基づく利益の〇％）などが考えられ，この規定は職務創作（デザイン）にも適用される。青色発光ダイオード（LED）をめぐる裁判では，東京高等裁判所は発明者の貢献度を5％とはじき，訴訟当事者はこの額で和解することで決着した（平成17年1月）が，この5％という数字が今後1つの目安になるものと考えられる。

著作権の分野では事情が異なる。職務上作成する著作物の著作者については，その会社が著作者であり，著作権者であるケースがあり（著作権法15条），映画の著作物の著作権は，監督やカメラマンなどではなく，映画制作者（映画会社）に帰属することになっている（著作権法29条）。

《参考条文》
特許法35条（職務発明）　使用者，法人，国又は地方公共団体（以下「使用者等」という。）は，従業者，法人の役員，国家公務員又は地方公務員（以下「従業者等」という。）がその性質上当該使用者等の業務範囲に属し，かつ，その発明をするに至った行為がその使用者等における従業者等の現在又は過去の職務に属する発明（以下「職務発明」という。）について特許を受けたとき，又は職務発明について特許を受ける権利を承継した者がその発明について特許を受けたときは，その特許権について通常実施権を有する。
2　（略）

3　従業者等は，契約，勤務規則その他の定めにより，職務発明について使用者等に特許を受ける権利若しくは特許権を継承させ，又は使用者等のため専用実施権を設定したときは，相当の対価の支払いを受ける権利を有する。
　4　契約，勤務規則その他の定めにおいて前項の対価について定める場合には，対価の決定をするための基準の策定に際して使用者等と従業者等の間で行われる協議の状況，策定された当該基準の開示の状況，対価の額の算定について行われる従業者等からの意見の聴取の状況等を考慮して，その定めたところにより対価を支払うことが不合理と認められるものであってはならない。

（4）複数のデザイナーが共同（チーム）でデザインを創作したとき

　複数のデザイナーが共同で創作する場合が少なくなく，この場合の意匠登録（特許）を受ける権利は，共同したデザイナー全員の共有となる。職務創作においてもまったく同様である。

　共同したといっても，開発の初期段階には参画していたが，完成時には他部署に異動になったとか，その逆の関係であったとか，またアイディアを提示しただけとか，図面，トレース，モデルの作成などの補助者としてかかわった場合とか，関係者をどの範囲まで含めるかは難しいことがあるが，法律に特段の定めはない。

　意匠登録（特許）を受ける権利が共有に係る場合であっても，意匠登録（特許）を受ける権利は移転することができるが，各共有者は，他の共有者の同意なしにその持ち分を譲渡できない。

（5）デザイナーとクライアントとの間で取り交わすデザイン契約上の
　　デザイン知財の取り扱い

　デザイナーやデザイン事務所において，クライアントとの間で取り交わすデザイン契約における知的財産権の取り扱いは重要事項である。

　一般にデザイン契約には，請負契約的なデザイン契約（民法632条（請負）），委任契約的なデザイン契約（民法643条（委任））があるとされる。デザイナーに提案の自由度を求める場合は，後者の委任契約的なデザイン契約のスタイルが相応しいようである。こうしたデザイン契約による場合であっても，受託者側（デザイナー）が創作したデザイン成果物の意匠登録（特許）を受ける権利は原始的に受託者側（デザイナー）に帰属する。この権利をクライアントに譲渡してしまう方法もあるし，あるいはデザイナーやデザイン事務所がこの権利

に基づいて自ら権利化し，その実施についてクライアントとライセンス契約する方法もある。

　これからのデザイン契約では，ライセンス契約により，実施権をクライアントに許諾し，そのロイヤリティ料をデザイナーが得るといった知的財産の活用法が望まれるのではないだろうか。

　また受託者（デザイナー）の創作したデザインを採用したところ，他人の権利を侵害する結果となる場合がないわけではないので，こうした項目もデザイン契約に盛り込んでおく必要がある。

　　《参考条文》
　　民法632条（請負）　　請負ハ当事者ノ一方カ或仕事ヲ完成スルコトヲ約シ相手方カ其仕事ノ結果ニ対シテ之ニ報酬ヲ与フルコトヲ約スルニ因リテ其効力ヲ生ス
　　民法643条（委任）　　委任ハ当事者ノ一方カ法律行為ヲ成スコトヲ相手方ニ委託シ相手方カ之ヲ承諾スルニ因リテ其効力ヲ生ス
　　　（注）民法の一部を改正する法律により，2005年4月1日から片仮名等表記が平仮名等に改められた。

(6) 創作したデザインの公表の時期（新規性を失わせないこと）

　意匠登録を受けるには，意匠法が規定する，1.工業上利用性（工業上利用できること），2.新規性（新しいものであること），3.創作性（一定の創作水準にあること）という意匠登録の要件を満たしていなければならない。自分で創作した意匠を権利化しようとする場合であっても，出願前に公表してしまうと，その公表事実を根拠に，その出願は新規性がないとして登録を受けることができないので，デザインの公表の時期などの出願前の意匠管理に気をつける必要がある。

　　《参考条文》
　　意匠法3条（意匠登録の要件）　　…次に掲げる意匠を除き，その意匠について意匠登録を受けることができない。
　　　一　…出願前に日本国内又は外国において公然知られた意匠
　　　二　…頒布された刊行物に記載された意匠又は電気通信回線を通じて公衆に利用可能となった意匠
　　　三　前二号に掲げる意匠に類似する意匠

(7) 特許庁に先に出願したものであること（先願主義）

　登録要件を満たす出願が複数ある場合には，最先の出願人に権利を認める先願主義を採用しているため，出願日が遅れると意匠登録を受けることができな

い。先願意匠が同一人のものであっても，それと同一または類似する関係にある後願意匠は，意匠登録を受けることができない。

同じ日に2以上が競合する場合については，出願人同士で協議し，どれか1つの出願に決めることになっており，協議が成立しないなどのときは，いずれもが意匠登録を受けることができない。

同じ日の2以上の競合が同一人の場合には，この規定の例外として，関連意匠制度というものが認められる。(9) 関連意匠制度の上手な利用を参照のこと。

《参考条文》
意匠法9条（先願） 同一又は類似の意匠について異なった日に二以上の意匠登録出願があったときは，最先の意匠登録出願人のみがその意匠について意匠登録を受けることができる。
2 …同日に二以上の意匠登録出願があったときは，意匠登録出願人の協議により定めた一の意匠登録出願人のみがその意匠について意匠登録を受けることができる…

(8) 部分意匠制度の上手な利用

意匠権は，物品の美的形態（デザインコンセプトを具体化して表したもの）を客体とするものである。そして，平成10年の改正前までは，物品全体の美的形態（全体意匠ともいう）の創作についての登録しか請求できず，物品の部分の特徴ある要素が真似されても，侵害が見逃されてしまうという真似得の弊害

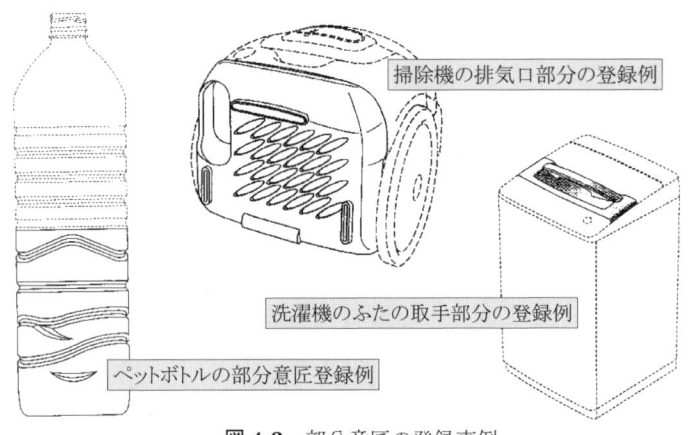

図4.3 部分意匠の登録事例

があったことから、平成10年の改正で、物品の部分に関する美的形態の創作についての登録を請求する「部分意匠制度」が導入された。物品の部分に特徴ある独創性が認められ、また物品全体への貢献度（寄与度）が大きいと認められる場合には、部分意匠の意匠登録を受けようとする部分を実線で表し、それ以外の部分を破線等で表すなどの要領で部分意匠に係る出願をし、部分意匠制度を上手に利用してみてほしい。

《参考条文》
意匠法2条1項（定義）　…意匠とは、物品（物品の部分を含む…）…
意匠法施行規則3条（様式6備考11）　物品の部分について意匠登録を受けようとする場合は…意匠登録を受けようとする部分を実線で描き、その他の部分を破線で描く等により…

（9）関連意匠制度の上手な利用

1つのデザインコンセプトから幾通りものバリエーションの美的形態が創作されるが、1つの美的形態しか登録できないとすると、商品化に向けた最終段階での必要な修正に対応することができないという不都合が起きたり、あるいは他人の小さな改変による迂回を許す結果になってしまう。相互に類似する範囲内で、そのバリエーションの登録を請求するこの制度を関連意匠制度という。各権利に同等な価値が認められるので、この制度を効果的に利用すると手厚く保護を受けることができるが、先願主義との調整から、関連意匠出願の出願日は、同じ日の出願に限られている。

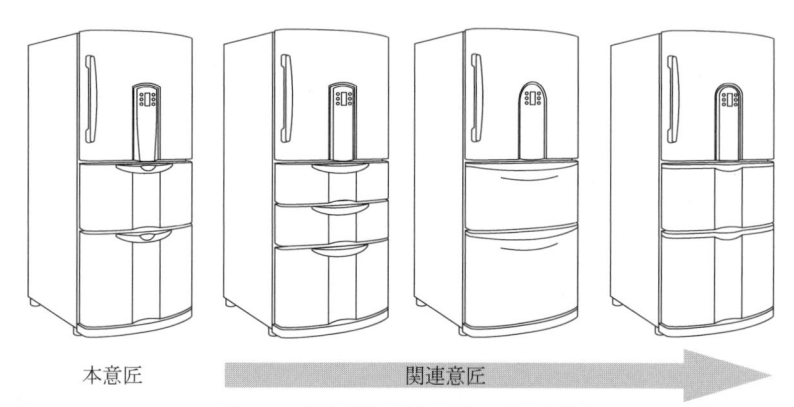

図4.4　本意匠と関連意匠の登録事例

《参考条文》
意匠法10条（関連意匠）　意匠登録出願人は，自己の意匠登録出願に係る意匠のうちから選択した一の意匠（以下「本意匠」という。）に類似する意匠（以下「関連意匠」という。）については…同日である場合に限り…意匠登録を受けることができる…

4.4　権利活用段階におけるデザイン知財のマネージメント

(1)　意匠権を活用する

　意匠権は，設定登録により発生し，設定登録の日から最長15年間存続する。排他独占的な権利という性質を利用し，1.独占的に実施し，製品の販売シェアを高める，2.財産権としての性質を利用して，権利を譲渡して対価を得たり，ライセンス契約（実施権の許諾）しロイヤリティを得る，3.差止めや損害賠償等を請求して模倣品や侵害品を排除するなど，戦略的かつ有効に活用しよう。

《参考条文》
意匠法23条（意匠権の効力）　意匠権者は，業として意匠登録及びこれに類似する意匠の実施をする権利を専有する…
意匠法24条（登録意匠の範囲）　登録意匠の範囲は，願書の記載及び願書に添付した図面に記載された…意匠に基づいて定めなければならない。

(2)　権利を実施する

　意匠権を実施するとは，意匠権に係る物品を製造したり，売買したり，輸入したりする行為のことで，そのための展示行為なども含まれる。使い捨てカメラ（レンズ付きフィルム）の事件では，ケースを回収し，このカートリッジにフィルムを詰め替えて無断でこれを販売する行為が，権利侵害に当たるかどうかが争われ，権利侵害が認められた。中古品一般の販売行為はケースバイケースだが，一度権利を消尽しているもの（特許製品を譲渡した場合には，特許権の効力はその目的を達したものとして消尽（平成7年最高裁小法廷判決））と考えられ，これから除外されるようである。

《参考条文》
意匠法2条3項　…「実施」とは，意匠に係る物品を製造し，使用し，譲渡し，貸し渡し，若しくは輸入し，又はその譲渡若しくは貸渡しの申出（譲渡又は貸渡しのための展示を含む。以下同じ。）をする行為をいう。

(3) 権利を譲渡する

意匠権は財産権であるため，譲渡などの特別承継によっても，相続・会社の合併などの一般承継によっても，自由に移転できる。譲渡などの特別承継の場合は，売買契約が成立しただけでは移転の効力は生じない。特許庁長官に対し，譲渡証などを添付した意匠権の移転登録申請書を提出してその登録を受けなければならない。不動産登記手続きと似ている。

《参考条文》
特許法 28 条（登録の効果） 次に掲げる事項は，登録しなければ，その効力を生じない。
一 特許権の移転（相続その他の一般承継によるものを除く。）…
二 専用実施権の設定，移転…
三 …質権の設定，移転…

(4) ライセンス契約する

意匠権者は，他人に意匠権を利用する権限を許諾することができる。実施権には，設定した範囲（内容，地域，期間）内において，独占的に利用できる専用実施権（設定行為が必要）と，単に意匠権を利用するだけの通常実施権（設定行為が必要）とがあり，専用実施権を許諾した場合は，意匠権者といえども実施できないが，通常実施権の許諾の場合には，意匠権者も実施できるという点に両者の違いがある。通常実施権には，この他にも法律の規定によるものもあるが，割愛する。

実施料は，契約によって異なるだろうが 3％程度が相場のようであり，1 個当たりの所定額×3％×数量から算出されることになる。

《参考条文》
意匠法 27 条（専用実施権） 意匠権者は，その意匠権について専用実施権を設定することができる…
2 専用実施権は，設定行為で定めた範囲内において，業としてその登録意匠又はこれに類似する意匠の実施をする権利を専有する…
意匠法 28 条（通常実施権） 意匠権者は，その意匠について他人に通常実施権を許諾することができる。
2 通常実施権者は…設定行為で定めた範囲内において，業としてその登録意匠又はこれに類似する意匠の実施をする権利を有する…

（5）権利侵害品を発見したとき

　意匠権の侵害とは，意匠権の効力範囲（登録意匠およびこれに類似する意匠の範囲）に侵入することをいい，意図的に模倣したものばかりでなく，デザインがたまたま結果的に似てしまったものであっても，侵害が成立する。被告意匠（訴えられた側の意匠）が原告（意匠権者等）の登録意匠に類似しているかどうかが争点となるが，類似していると判断されるときは，意匠権侵害が成立し，侵害行為の差止請求（製造販売の中止やその金型の廃棄等），損害賠償請求（民法709条）などの民事救済を求めることができる。その侵害行為によって侵害者が得た利益，あるいは実施料相当額（1個当たりの所定額×3％程度×数量）が損害額として算定されるケースが多いようである。また，懲役や罰金刑といった刑事罰の対象にもなる。

　権利侵害のおそれがある製品デザインが，意匠権の効力範囲（登録意匠およびこれに類似する意匠の範囲）にあるかどうかの判断が難しい場合には，特許庁に対し判定（特許庁による鑑定）を求めることができる（意匠法25条）。

図4.5　意匠権侵害事件（損害賠償7億6100万円）

《参考条文》
意匠法37条（差止請求権）　意匠権者又は専用実施権者は，…侵害する者及び侵害するおそれがある者に対し，その侵害の停止又は予防を請求…
　2　…侵害の行為を組成した物（プログラム等を含む。）の廃棄，侵害の行為の供した設備の除去その他…
民法709条（不法行為の一般的要件・効果）　故意又ハ過失ニ因リテ他人ノ権利ヲ侵害シタル者ハ之ニ因リテ生シタル損害ヲ賠償スル責ニ任ス
　（注）民法の一部を改正する法律により，2005年4月1日から片仮名等表記が平仮名等に改められた。
意匠法39条（損害の額の推定等）　…故意又は過失により…損害の額を請求する場合において…数量（譲渡数量）に…単位数量当たりの利益の額を乗じて得た額を…

2 …その者がその侵害の行為により利益を受けているときは…損害の額と推定する。
3 …実施に対し受けるべき金銭の額に相当する額の金銭…
意匠法40条（過失の推定）　他人の意匠権…を侵害した者は，その侵害の行為について過失があったものと推定する…
意匠法69条（侵害の罪）　…三年以下の懲役又は三百万円以下の罰金…
意匠法74条（両罰規定）　…法人に対して…一億円以下の罰金刑…

（6）権利侵害であるとの警告を受けたとき

権利侵害であるとの警告を受けたときは，自社製品が警告者側の所有する登録意匠に類似しているかどうか，警告者側が所有する意匠登録に無効理由がないかどうか（審査段階で見落とした事由があれば，意匠登録を無効にする審判を特許庁に請求できる）について検討する必要がある。

そして，当事者同士の話し合いによる和解，あるいは訴訟（裁判所）で争う，あるいは登録無効審判請求（特許庁）で争うなどの方針を選択する。訴訟になれば，当該登録意匠に類似しないことを中心に抗弁し，立証（証拠）することになるが，平成17年4月1日より，権利侵害訴訟（裁判所）において，当該登録が無効であると認められたとき，権利者はその権利を行使できないとする改正法が施行された（それまでは，特許に無効理由があることが明らかであると認められるときは，権利の濫用に当たる旨の判断（最高裁，キルビー判決）を示すに止まっていた）ので，こうした1回的に解決する抗弁が増えるかもしれない。

《参考条文》
意匠法48条（意匠登録の無効の審判）　意匠登録が次の各号の一に該当するときは，その意匠登録を無効にすることができる…
特許法104条の3（特許権の権利行使の制限）　特許権…の侵害に係る訴訟において，当該特許が特許無効審判において無効にされるべきものと認められるときは…その権利を行使することができない…（意匠法準用）

（7）税関で侵害貨物を止める

麻薬，けん銃等と同じように，特許権，意匠権などの知的財産権を侵害する貨物は，関税定率法という法律で，輸入禁制品として輸入してはならないことになっている。その侵害貨物について，税関長は没収して廃棄し，または積み戻しを命ずることができる。関税定率法が改正され，平成15年4月から，特許権，実用新案権，意匠権等も輸入差止申立制度の対象となった。これまでは税

関長に対し情報を提供することができるだけだったが，これによって，意匠権者等は税関長に対し，侵害貨物かどうかの認定手続を執るべきことを積極的に申し立てることができる途が開かれた。意匠権を侵害した中国製の液晶TVの貨物が日本に輸入されようとして新潟の税関で発見され，積み戻しされたという新聞報道が記憶に新しいところだが，平成15年度の税関での差止実績は，特許権22件（前年度6件），意匠権27件（前年度13件）と増加しているようである。

《参考条文》
関税定率法21条（輸入禁制品）　…特許権，実用新案権，意匠権，商標権，著作権，著作隣接権，回路配置利用権又は育成者権を侵害する物品
関税定率法21条の2（輸入禁制品に係る申立て手続等）　…意匠権…を侵害すると認める貨物に関し…認定手続を執るべきことを申し立てることができる…

（8）不正競争防止法（商品形態模倣行為の禁止）でデザインを保護

　不正競争防止法の2条1項3号（平成6年から施行された規定）によって，発売後3年間という期間，新商品の形態を模倣する行為に限定し，その行為が禁止されている。期間が限られているため，短ライフ商品の場合に有効といえる。いくつかの要件があるが，模倣からの保護であるので，他人の商品形態が自社の模倣であることの立証を要する。

　この規定の趣旨は，あくまでも新商品を市場に最初に投入した者の労力，コスト等の利益を保護するものであるため，新商品を市場に最初に投入した者（製造

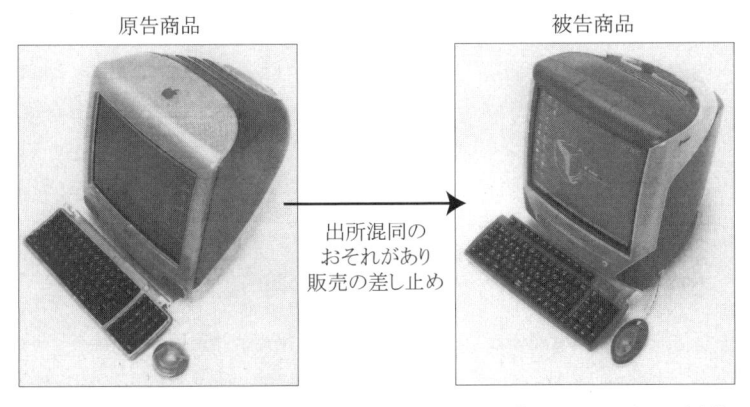

原告商品　→（出所混同のおそれがあり販売の差し止め）→　被告商品

図4.6　不正競争防止法事件（2条1項1号，出所混同のおそれの事例）

販売者）にこの規定の請求権が認められる。その商品形態のデザインを創作したデザイナーであるというだけでは，この規定による権利請求人にはなれない。

　3年経過後の模倣行為は原則自由ということになるが，この類型とは別に，広く知られた商品表示（周知性を獲得した商品）と出所を混同するおそれがある商品を製造販売等する行為は不正競争防止法（2条1項1号，混同惹起行為）違反とされる。

　《参考条文》
　不正競争防止法2条1項3号（商品形態模倣）　他人の商品（最初に販売された日から起算して3年を経過したものを除く。）の形態（当該他人の商品と同種の商品（同種商品がない場合にあっては，当該他人の商品とその機能及び効能が同一又は類似の商品）を模倣した商品を譲渡し，貸し渡し，譲渡若しくは貸渡しのために展示し，輸出し，若しくは輸入する行為

(9) 著作権法で保護できるデザインの範囲

　著作権法は，思想または感情を創作的に表現した文芸，学術，美術または音楽の範囲に属する創作物を保護する法律であり，著作権は，創作が完成した時点で自動的に発生し，原則として死後50年存続する権利である。美術的著作物（美術工芸品も含む），建築著作物（建築図面に従って建築物を完成すること），学術的性格の図形などは著作権法で保護され，あるいはデザインに関連した創作物であっても，これらに該当すると認められれば著作権法で保護されるが，工業製品のデザインは除外されており，工業製品のデザインについては意匠法で保護することとされている。デザイナーが椅子のデザインを著作権法で保護することを求めた裁判などもあるが，判決では，工業製品のデザインそれ自体が美的鑑賞の対象である美術的著作物に該当しないなどとして請求が棄却されている。また，工業製品のデザインを著作権で保護するかどうかの立法政策の論拠には，工業製品のデザインを死後50年にわたる著作権で保護することが産業活動を混乱させる（権利主張にさらされ混乱する）のではないか，という使用者等の側の懸念があるようである。

　グラフィックデザインについては事情が異なり，医薬品包装箱等に使用した被告図柄が，有名なポスターデザイナーであるカッサンドルのグラスでワインを飲むポスター図柄の著作物Cの「内容及び形式を知覚させるに足るものを再生している」と認められ，二次的著作物（変形等著作物，著作権法2条11号，11条，28条）に当たるとして，カッサンドルの相続人が請求した著作権侵害訴

第 4 章　知財マネージメントの重要性

訟を容認した例などがある（図4.7）．その他にも，漫画のキャラクターを基にこれを想起させる商品を製造販売した場合（キャラクタービジネス）に，これを商品化権（マーチャンダイジングライト）として認めた裁判例もある．

図 4.7　著作権侵害事件

4.5　海外におけるデザイン知財のマネージメント

(1) パリ条約が国際的保護の架け橋

「日本で権利を取得すれば，外国においてもその権利を行使できるのか」という質問を受けることがあるが，そこまで国際協調体制が築かれている訳ではない。必要な国の特許庁，広域（たとえばEU）特許庁毎に権利取得をする必要がある。

この分野における国際的保護を確保するための基本的な条約の1つに，世界のほとんどの国が加盟するパリ条約というものがあるが，この条約によって，各国特許独立の原則の下に，内国民待遇が与えられ（たとえば，アメリカ法の下で，日本人にアメリカ国民と同等の権利能力が与えられる），また，最初の第1国（日本）でした出願日（優先日）から一定の期間（意匠法では6カ月）中にした他の第2国（アメリカ）にした出願は，優先日に出願したように取り扱われる優先権制度があって，便宜が計られるようになっている。

(2) 戦略拠点（アメリカ，中国，EU）ごとに法制が違う

各国毎に権利を取得する場合には，言語の違いの他にも，国ごとに法律制度が違っている点が障壁になる。海外でのデザイン知財のマネージメントは，専門家（弁護士，弁理士）に依頼するほかないが，日本とのかかわりが深い主だった国の特徴をごく簡単に述べると，アメリカは，審査をしてから登録する意味では日本と似たシステムを採っている。中国では，実体審査をしないで登録するシステム（請求によって事後的に登録を無効にする制度）を採っているので，安定した権利ではなく，なかには日本企業の製品デザインを自分のものと偽った出願登録の被害（冒認出願）があるようで，その監視負担が少なくないようである。成長を続ける経済を反映し，中国は，意匠登録出願の件数では，日本の倍の8万件（2004年）を超えて世界のトップに躍り出ており，日本企業の戦略上，アメリカに次いで重要な国になっている。

EUでは，EU全域に単一の権利が及ぶEU意匠規則を2002年にスタートさせた。ここでも，実体審査をしないで登録するシステム（請求によって事後的に登録を無効にする制度）を採っている。EUにおけるデザイン保護は，スペインのアリカンテにあるOHIM（EUの商標・意匠庁）がEU出願登録業務を担う

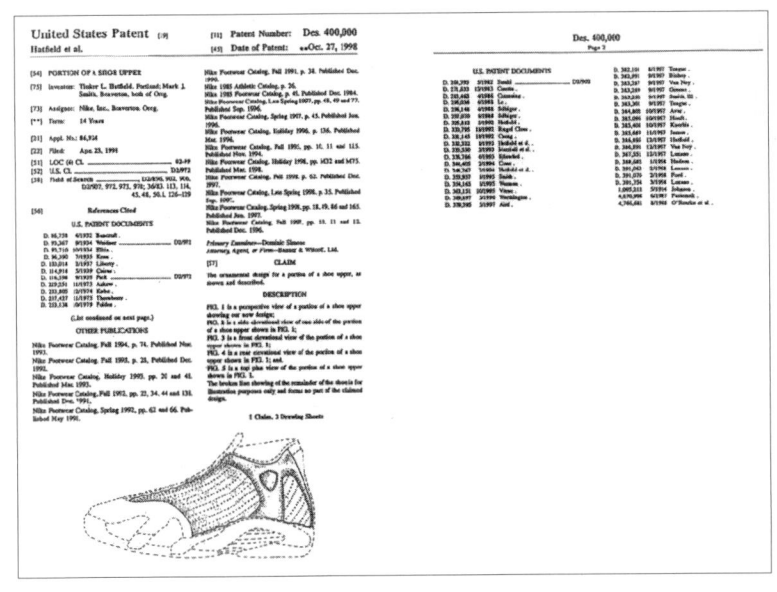

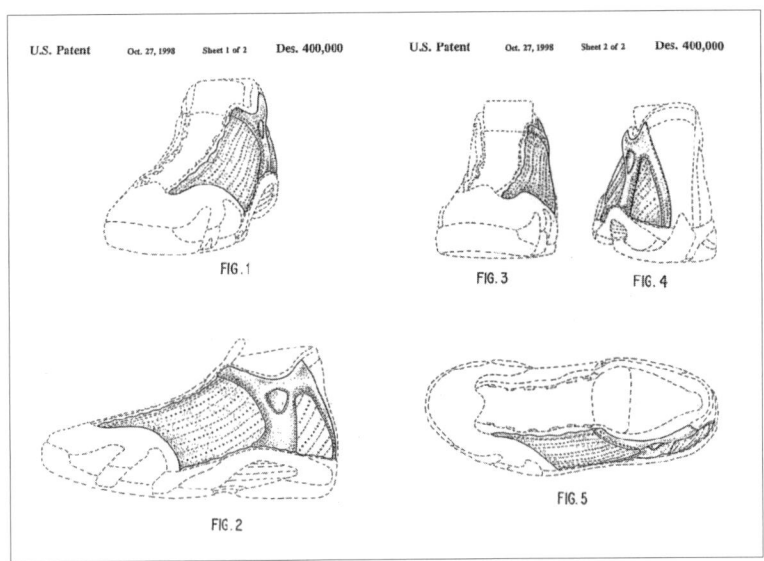

図 4.8　アメリカのデザインパテント事例

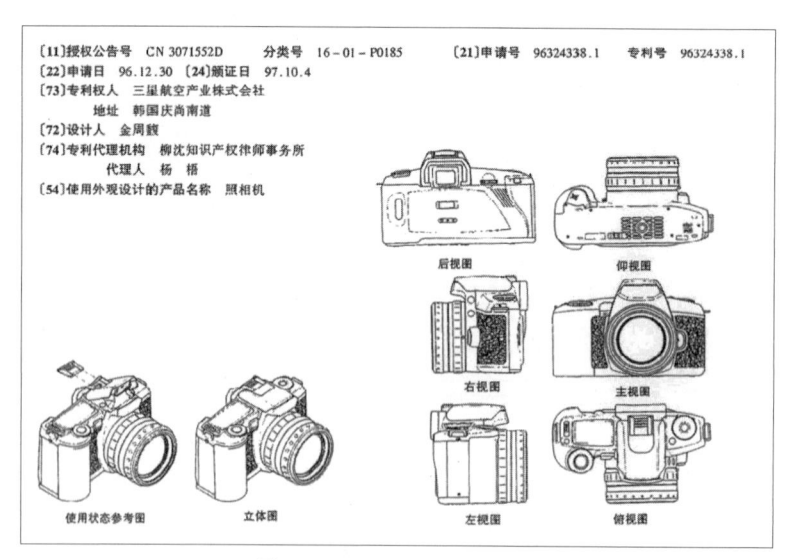

図4.9 中国の意匠特許事例

新たな段階に突入し(ただし,イギリス,フランス,ドイツなどの各国特許庁では,その国内に効力が限られる従来どおりの国内出願登録業務を継続している),また2004年5月からはEU加盟国が15から25カ国に拡大したことにより,EUもまた重要な戦略拠点となりつつある。

応用編

クリエイティブな活動の成果評価
デザインの効用
ユーザーエクスペリエンスを考慮したデザインマネージメント
機能分社とデザインマネージメント
ユニバーサルデザインの推進活動
グローバルデザインにおけるコラボレーション

5 クリエイティブな活動の成果評価

鈴木　進

5.1 評価について

　クリエイティブな仕事に従事しているスタッフにとって，活動の成果をプロとして評価されることがやりがいにつながる。これはインハウス，独立デザイン事務所のデザイナーだけでなく，すべてのビジネスマンの願いでもある。知識社会において「人」は重要な経営資源であり，公平で納得性のある評価の必要性がさらに高まっている。しかし，実際の評価は多くの不満を生んでいる。

（1）これまでの評価の問題点

1. 1つ良いことがあるとすべて良く見えてしまう，あるいはその逆に1つ悪いことがあるとすべて悪く評価してしまう。
2. メリハリのある評価が実施できず，中心化傾向に陥り，成果をあげたメンバーのモチベーションを下げてしまう。
3. 評価基準が曖昧で，説明が難しく，納得性も低い。
4. 半年，1年間のスパンでの評価では，評価決定時の直前の活動内容が大きく影響を与える。
5. 仕事の成果ではなく，人物の良し悪しで評価してしまう。
6. 残業代は会社にいる時間で払われており，効率よく仕事をした人が不利になる。

など，評価される人は不公平感と納得できない不満を持つ。評価する人にとっても説明が難しく，指導しにくく，胃が痛む作業となり，信頼性の高いマネジメントを難しくしている。

(2) 評価システムのあるべき姿（目標）

　評価の難しさは社会発生以来の人類の課題であり，100％納得性のある評価方法は不可能である。そこで，可能な限り納得性を高め，マネージメントのツールとして使える評価方法をシステム（仕組み）として確立し，定着させるべきである。

　クリエイティブなメンバーについての評価は次のような視点から行い，専門性の高いプロとしての納得性・公平性のある元気の出る評価システムとする。

1. 明確な評価基準を用いてシステムを構築し，全員に公開する。
　　— 皆がわかる
2. データをベースに数値化し，1人1人が自分で計算し，評価を出す。
　　— 人物評価など作為的な評価を排除する
3. 「量」「質」「態度」の実績を評価項目とする。
　　— プロとしての活動評価，多面的な評価とする
4. 活動プロセスも評価対象とする。
　　— 結果のみの評価としない
5. 定期的に公平性・納得性をチェックし，システムを改善する。

5.2　目標管理と成果評価システムの確立

　上位方針を個人レベルの目標に具体的に設定し，経営の目標を確実に達成するための個人目標管理が多くの企業に導入されている。評価方法の改革として，目標に対しての成果達成度が活用できるようになってきた。目標と評価基準が明確化されたが，期待ほど納得性が高まらず，変更を余儀なくされている場合もある。当然，納得性向上のための改善はどんどんすべきである。

　問題は，期首に個人別の評価レベルを作ってしまうことや，目標設定が大枠で質・量の定義がまちまちだったり，人により目標クリアの難易度が異なるなど，さまざまである。目標管理による方針達成のためには，納得性・公平性の高い「成果評価システム」を確立して，個人目標と成果評価の一体的な運営がなされなければ効果が出ない。

第5章　クリエイティブな活動の成果評価

　個人目標設定は，上位方針目標達成のための「成果」「能力」「態度」に関するできるだけ具体的な内容の項目で設定する。無理して数値設定をする必要はない。期首に設定した目標は，その期の仕事としてすべて具体的な個別テーマに展開し，遂行される。個人目標は，これら個別テーマの「推進プロセスと結果」を通して，「量」「質」「態度」の成果として評価することが可能となる。この個別テーマ評価の蓄積により，期末に目標管理の成果評価とすることができる。

　個人目標設定と個別テーマの成果評価蓄積からなる評価システムにより，「目標設定の明確化」と「共通の基準での成果評価」を行うことができ，真の目標管理マネージメントを実行することが可能となる。

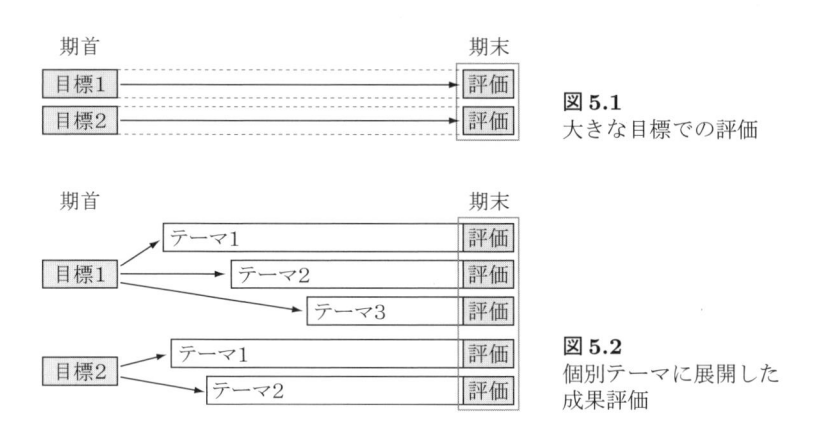

図 5.1 大きな目標での評価

図 5.2 個別テーマに展開した成果評価

　実労働時間をベースとした評価を「量」「質」「態度」の成果をベースとした評価システムに見直すことにより，クリエイティブな仕事のための裁量労働，フレックス勤務，在宅勤務などの柔軟で多様な勤務体制の導入が容易となる。

　以下，スタッフの成果評価について，実践の中から考えられた成果評価システムについて述べる。方法については各企業の文化やマネージメントの仕組みによりいろいろな工夫が必要であり，組織の状態に合った最適なシステムを考案することがマネージメントの基本でもある。

　また，システムを構築した後も Plan–Do–Check–Action のサイクルをつねに継続し，不具合点や不満の原因を明確にして，改善を繰り返す必要がある。朝令暮改も辞さず，公平性と納得性の向上に努めるべきである。

5.3 評価システムの構成

(1) 成果評価の位置づけ

賞与については，半期の成果評価を100％（企業内で決められた割合）採用する。1年毎に行われる本給査定では，実績評価にこの成果評価結果を活用できる。

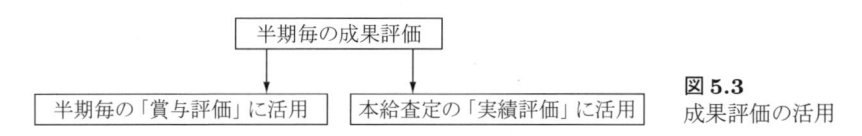

```
              ┌─半期毎の成果評価─┐
              │                  │
┌半期毎の「賞与評価」に活用┐ ┌本給査定の「実績評価」に活用┐
```

図5.3 成果評価の活用

(2) 成果評価の構成

1つのテーマについて半年間の「量の評価」「質の評価」「特別評価」の3項目の視点から成果評価を行う。実際には，半年間で複数のテーマを推進するため，各項目のトータルの評価が成果となる。この3項目をどのような割合で評価するかによって，マネージメントの姿勢を示すことができる。割合は各機能集団別に違った割合を設定することもできる。特別評価は，態度評価や過去の実績による受賞などを対象とするため，その割合は少なくする。最終の成果評価は5段階評価（S，A，B，C，D）などのランクに落とし込む。以下，3項目の割合の例を示す。

1. バランス重視のマネージメント
 《例》量40％＋質40％＋特別20％
2. 量重視のマネージメント
 《例》量60％＋質30％＋特別10％
3. 質重視のマネージメント
 《例》量30％＋質60％＋特別10％

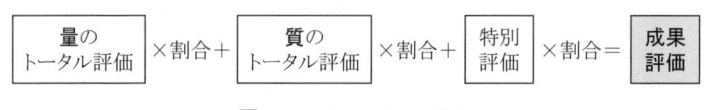

量のトータル評価 ×割合＋ 質のトータル評価 ×割合＋ 特別評価 ×割合＝ 成果評価

図5.4 成果評価の構成

(3) 評価のステップ

1. 期首に職務等級（仕事の対応力レベル）毎の量と質の評価基準を明確にする。

    当然，職務の等級が上がれば期待されるレベルは高くなる。この評価基準は継続性を重視し，頻繁に変更する必要はない。評価割合は，マネージメントの意思として量，質などの割合を決定し，公開する。

2. 各テーマのステップ毎の評価を実施する。

    成果評価は，プロセスのステップ毎に行う評価の蓄積で評価するため，毎月すべてのテーマについて「デザイン評価会議」でのチェック評価を行うことを基本とする。構想・企画，ラフスケッチ，レンダリング，モックアップ，デザイン決定，フォローなどの段階毎に評価を実施してもよい。仕事は狭義のデザインだけでなく組織内の委員会活動など，仕事のすべてをテーマ化し，評価結果を蓄積する。同時期に1人当たり大小5〜10テーマほどにはなるが，公平感・納得性のある評価実現のためには，評価システム推進のサポート部隊の負荷増加は覚悟する必要がある。

    また，評価のためにはテーマ管理，工数管理，評価蓄積のためのシステムを構築する必要がある。これは，評価のためのみではなく，マネージメントシステムのベースとして必要である。評価算出は一般的な表計算ソフトを使っても十分対応できる。意識改革，納得性が向上できれば，重い評価システムをいつまでも継続する必要はなく，不公平感を出さない範囲で簡略化，効率化の工夫を進める。

3. 公開された，総合的視点から評価を実施する。

    「デザイン評価会議」には，部門の責任者だけでなくプロダクト，インタフェース，グラフィックなど，各機能の責任者も参加し，それぞれの視点からのチェック評価を行う。評価会議は公開とし，誰でも参加可能にすることで評価のレベル統一，透明感・納得性を増加させることができる。量産前の多元的チェックは，デザイン全体のレベルアップにつなげることができ，質アップのマネージメントを強化することができる。高い評価を受けたデザインは，部門内に展示するなど積極的に公開し，期待のレベルを示すことも必要である。

    評価会議は，具体的成果物を用いた本人によるプレゼンテーション，自

己評価の提示を基本とする．本人参加のその場で協議し，評価を決定，記録する．

　評価するレベルが合い，納得性が高まれば，評価の権限は課長・リーダークラスに委譲してもよいが，多元的チェック機能は残すべきである．

4. 自己チェックにより最終評価を決定する．

　期の途中においても自己の量，質の評価のトータルはチェックできるようにする．期末には量，質の自己の評価データが集計され，自分の最終評価レベルが確認できる．特別評価の自己PR評価と合わせ，評価者が最終の絶対成果評価を算出する．個別の絶対評価はこれで決定するが，多くの企業の場合，賞与には予算枠がある．このまま絶対評価を5段階評価に置き換えると，予算枠オーバーも考えられる．その場合は，5段階評価前の各自の絶対評価を使い，評価基準を全体にシフトさせ，予算枠に収まる5段階評価に変更する．そのため，5段階評価Aの下位に位置づけされた人がB評価になることもありうるが，公開された共通ルールのため納得性は高い．

5.4　デザイナーの評価システムの実践

　具体的に実践されたスタッフ（リーダー以上を除く）の評価事例をベースに，上述の評価システムを説明する．

(1)「量」の評価

仕事の量は，下記のようにいろいろな視点から捉えられる．

1. デザイン売上

　量の評価としてわかりやすく，プロの評価に最もふさわしい．企業内でのデザイン料（売上）は工数時間×時給で算出すると事業部に理解されやすい．時給は社内の一般時給ではなく，商品価値を高めるデザイナー専用の高めの時給を適用する．デザインマネージメントサイドで，具体的事例や他社成功事例などを用い，時給が高い理由を社内に理解させる．

　職務の等級レベルにより時給は異なってくるが，事業部との会計処理

では，デザインの時給はデザイナーの平均値などで統一したほうが煩雑にならない。

2. 目標時間

　1つのデザインを行うのに必要な標準的工数時間。たとえば，デジタルカメラのデザインをこれまで200時間でこなしてきていれば，次にデジタルカメラのデザインを受けた場合，目標時間は200時間となる。このためには，各テーマの工数時間のデータ蓄積・分析がないと納得性は低い。目標時間200時間に対して実作業時間が250時間でも150時間でも，そのデザイナーの量のカウントは200時間とする。200時間の目標時間に対して，効率よく150時間の短時間でこなせば，同じ期間内でのんびりやったデザイナーより多くの目標時間を蓄積することができ，「量」に関して高い評価を得ることが可能となる。

3. テーマ数

　把握しやすいが，単なるテーマの数量では納得性は乏しい。負荷により大中小の量の大きさを決めるなどの工夫が必要である。業務全体が，負荷が同じくらいのテーマの仕事で成り立っていれば採用しやすい。

4. 物理的量

　お金，時間以外の物理的量で成果評価する。たとえば他社・市場の訪問回数，アイデアの数，ラフスケッチの枚数，レンダリングの枚数，報告書枚数などで量を評価する。評価基準の数量を明確化すれば納得性ある評価となる。他の方法の量評価と組み合わせて使用することもできる。この評価は「量」と「質」の評価を分けたシステムゆえに可能となる。能力が高くない人が「量」のみを目指せば，当然「質」は低下する。レンダリングの数だけむやみに多くすれば，「量」の評価は高くなるが，「質」の評価は下がる。「量」も多く「質」も高いものが成果として出せれば，両方の評価が高くなる。これができるのが優秀なプロであり，その結果，報酬も多くなる。

5. 実労働時間

　把握しやすく，これまで多く使用されてきたが，効率良く仕事をする人が評価されないなど欠陥がある。量の評価として使用するときは，効率的な実労働実施のルールを明確化して使用する必要がある。

(2)「量」評価事例1：デザイン売上による量の評価方法

　インハウスデザイン組織においても，近年の厳しい企業環境の中，事業部とのデザイン料契約によるデザイン活動が多くなり，デザイン売上に関してのマネージメントが重要になってきている。そのため，デザイン料がインハウスデザイナーにも身近な課題となった。1人1人の売上を明確化することには，これまでの企業内デザイン文化では抵抗感があるが，これからのグローバル化した企業活動を推進するためには，早めに温室から抜け出して，強い体質を構築する必要がある。デザインのアウトソーシングなどとの競争を勝ち抜き，企業内で主導権を持ったデザイン活動をするためにも，デザイナーのデザイン売上で「量」の評価を行うことにチャレンジすべきである。

1. 「量」の評価はデザイナーの期間内デザイン売上金額のトータルとする。
2. 各自の事業部，外販などの売上金額とする。ただしモックアップ代，外部活用などの外注費は除き，デザイナー自身の作業活動による売上とする。
3. 本社費で賄われる実際の売上のない活動（デザイン組織が責任を持ってやるべきデザイン啓蒙活動など）は，「実績時間または目標時間」×時給を売上とする。
4. 組織内活動（QC，IT管理，教育など）は「実績時間または目標時間」×時給を売上とする。
5. 複数人によるチーム活動は，関係したメンバー各々の仕事量で売上を配分する。
6. 職務の等級（仕事の対応力レベル）別に，半年間の売上トータルの目標金額を設定する。
　　当然，等級が上がれば期待される売上金額は上昇する。等級毎の年収の差異を係数化し，売上増加率を決めれば納得性が増す。
　　1人当たりの部門費（労務費など）は給料の2倍以上は必要と見られているため，通常企業では1人当たり1500万円～2000万円の売上を必要とする。
7. 各職務等級別の目標金額をC（標準）と評価し，増減の割合で5段階評価する。賞与金額の増加率を売上の増加率にすれば納得性が増す。

表 5.1　売上目標例

職務の等級別売上目標（半年）					
等級	1 アシスト	2 初級	3 一般	4 中堅	5 上級
経験	1～2年	3～5年	6～8年	9～12年	13～16年
売上	400万円	450万円	550万円	750万円	900万円

表 5.2　売上の量による評価例

売上による「量」（目標金額達成率）の5段階評価				
S	A	B	C（基準）	D
≧150%	≧130%	≧110%	≧90%	<90%

　たとえば，職務等級4（中堅レベル）のデザイナーが，半年間の期間内でトータル900万円を売り上げた場合，900万円÷750万円＝120％で，「量」の評価はBとなる。

(3)「量」評価事例2：目標時間による量の評価方法

　デザインの量の評価を売上金額で評価することが難しい場合，目標時間のトータルで量を評価することが有効である。目標時間は，すでに述べたようにデザインに必要な標準的工数時間である。実労働時間は個人の能力によって異なってくる。途中，企画などが変更された場合は，目標時間の見直しが必要である。

1. 目標時間トータルのC評価（基準）時間設定の考え方
　　目標時間は実労働時間ではないが，標準的な人が年間所定労働時間内で対応できる時間を基準とし，C評価とする。
　《例》条件：年間所定労働時間＝1920時間/年
　　　有給休暇（8時間×20日＝160時間/年）すべて取得
　　　トイレ休憩時間など仕事以外の時間1時間×220日＝220時間
　　　（年間所定労働日数240日－有給休暇20日＝220日）
　　　年間目標時間トータル：1920時間－160時間－220時間＝1540時間
　　　半年間の目標時間トータル：1540時間÷2＝<u>770時間</u>

2. 仕事は，すべてテーマ化してカウントする。組織内雑業務なども大枠でテーマ化して蓄積する。
3. 目標時間×時給＝売上であるため，メンバーすべてが同じトータル目標時間であっても，理論上，時給の高い上位等級者の売上目標は高くなる。ただし，実際の部門外への会計処理は平均時給を使用する。
4. 目標時間トータルは，実労働時間ではないので，個人裁量による効率化により，増加させることが可能であり，またそれが狙いでもある。しかし，S，A，Bの上位評価も，1日2～3時間の実労働増加相当で達成可能な増加率とする。

表 5.3　目標時間による評価例

目標時間による5段階評価　基準：770時間/半年					
S	A	B	C(基準)	D
≧150%	≧130%	≧110%	≧90%	<90%

たとえば，目標時間が半年間でトータル1050時間のデザイナーの「量」の評価は，1050時間÷770時間＝136％でA評価となる。

(4)「質」の評価

質の評価は，人間の判断によるため納得性向上が難しい。納得性向上のための質評価システムの例を次に示す。

質の評価は，「デザインの難易度」「質の絶対評価」「担当者の職務等級」から決定する。

```
デザインの難易度 → 質の絶対評価 → 担当者の職務等級より決定
```

図 5.5　「質」の評価の構成とステップ

1. 「デザインの難易度」と事例

　デザインの仕事のテーマには，一部色変更，既存デザインの部分修正

から，コンセプトデザイン，組織としても経験のない新規分野のデザインまで，いろいろなレベルの難しさのデザインが存在する。テーマ登録時に，そのデザイン作業の難易度を基準に照らして決める。難易度の高いデザインは職務の等級の高いデザイナーが担当するが，場合によっては担当者の職務等級より上の難しい仕事にもチャレンジさせる。

適切な仕事の配分のため，また評価のために，職務等級と難易度は連動させる。

表5.4 難易度例：プロダクトデザイン

難易度	レベル	内容	職務等級
N1	アシスト	指示による部分的デザイン作業	1
N2	初級	シリーズ化されたデザイン	2
N3	一般	新シリーズのためのデザイン	3
N4	中堅	開発デザイン	4
N5	上級	既存分野新商品デザイン	5
N6	チーフ	新規分野商品デザイン	6

職務等級6以上はいわゆる非組合員としての課長職などのマネージメントかチーフデザイナーなどの上位の専門職となる。職務等級5のメンバーが業務で，より上位の仕事を担当することもあるため，基準を設定する必要がある。難易度の内容は，過去の具体的テーマをベースに蓄積・公開し，理解と納得性を高める。また企画変更などによって仕事の内容が変われば難易度も見直す。

2. 質の絶対評価

担当デザイナーを前にして，質の評価を決定することは，なかなか難しいことであるが，組織の期待するデザインのレベル・視点は何であるかが明確にできるため挑戦すべきである。デザイン部門内の仲間内で良い評価をしても，事業部あるいは市場に出してから厳しい評価を受けるほうが，デザイナーや組織の受けるダメージは大きい。顧客の視点からの厳しい評価をできるだけ早い時点に導入したほうが質はアップする。

質の絶対評価に際しては，総合的視点から評価できるように，各機能

のメンバーを参加させて評価する．評価に当たっては，まず担当デザイナーからのプレゼンテーション，自己評価をベースとする．これに加え，事業部での評価，社内モニターの評価，顧客の評価などの情報をできるだけ集め，参加メンバーが「C」を期待通りとして，S，A，B，C，Dの5段階で評価する．評価に当たっては，より上位者の意見が影響を与えることも考えられるため，投票形式など，工夫をして公平を期す．また，過去の質の評価実績も参考にする．評価の結果は公開することも必要である．

　チェックシートを使い，各項目ごとに◎（3点），○（1点），×（－1点）でチェックし，点数化による合計点で5段階評価を行うことも可能である．

表5.5　質のチェックシート例

大項目	中小項目	難易度別	自己評価	最終評価
行動指針活動の質	約25項目	N1～N6別の必要項目	◎○×で点数化し評価	◎○×で点数化し評価
デザインポリシー	約25項目	N1～N6別の必要項目	◎○×で点数化し評価	◎○×で点数化し評価
		質の評価合計	上記の点数化で5段階評価	上記の点数化で5段階評価

　チェックシートによる評価を部門内の全テーマに対して行うことは，負荷が大きくなるが，導入初期のレベル合わせ，視点のチェック漏れ，評価が分かれたときには有効なツールとなる．デザイナーも参加して作成すると，活用・意識改革にも効果がある．

3. 担当の職務等級と「質」の評価決定

　質のS，A，B，C，Dの5段階絶対評価をベースに，「難易度」と「担当者の職務等級」により最終の「質」の評価を決定する．

　難易度が自分の職務等級と同じときは，質の絶対評価がそのデザイナーの該当テーマの質の評価となる．もし，難易度が自分の職務等級より1ランク上の仕事であったなら，より難しい仕事を担当してその絶対評価であったので，そのデザイナーが受ける質の評価も1ランク上がる．逆の場合は1ランク下がる．上下難易度の差の分，ランクを上げ下げしてもよい

し，場合によっては安心感を与えるために，下はいくつ差があっても下げるのは1ランクのみとしてもよい。

表 5.6 質の評価決定例

職務等級3（一般）のデザイナー			
担当テーマの難易度	質の絶対評価	難易度－職務等級	質の最終評価
N3	B	0	B
N2	A	-1	B
N5	B	+2	S

4. 「質」の評価の大きさ

売上「200万円の量」の質A評価と，売上「50万円の量」の質A評価とでは大きさが違うため，期末に質の評価を各量の割合で配分計算し，成果評価に使用する。たとえば，その期において行った全業務で質評価が，売上200万円の仕事でA評価，100万円の仕事でB評価，200万円の仕事でB評価であったなら，0.4A，0.2B，0.4Bと表される。この期の質の成果評価は0.4A＋0.6Bとなる。

（5）特別評価

「量」「質」の成果評価のみでは，総合的組織運営や継続的レベルアップを実現する元気の出る活動は難しい。そこで，データ，数値では捉えられない貢献度，態度評価，各種表彰なども成果として評価する。これをスタッフのマインド向上のためのマネージメントツールとして活用し，チームプレイの促進を図る。ただし，プロとしての成果評価は「量」「質」がメインであり，特別評価の割合は小さくすべきである。

1. 貢献度評価

「デザイン評価会議」で，該当テーマの各プロセスの中で顕著に前向きな活動があった場合，貢献ありとして記録する。そのデータをベースに，期末に評価者が貢献度の5段階評価を行う。
＜視点＞
- 効率良く推進した

- 短納期要請に対応した
- チーム活動として推進した
- メンバーの育成に寄与した
- 提案活動を行い，具体化のために事業部を説得した

2. 目標達成度/表彰評価

目標管理の中で，能力開発など「量」「質」以外の活動を評価する。テーマ推進のプロセスでの貢献度は，すでに上記で評価されているため，重複しないように注意する。

各種表彰など，市場投入後の評価は，デザインのテーマ推進時には得られない。評価期間後に得られる情報である。表彰を獲得できるほどのデザインは「質」が高く，成果評価時に高い評価を得ているので問題はないが，とくに顕著な表彰成果は，評価期間後であっても表彰時点で特別評価として評価する。たとえば，グッドデザイン賞を何点か受賞したら加点，IF賞受賞で加点など，事前に決めておくとよい。

この評価については，期末に目標管理項目，能力開発，各種表彰などの成果を自己申告し，評価者と5段階評価のレベル合わせを行う。

表5.7 特別評価の構成と割合例

視点	テーマ毎の貢献度 効率・育成などの寄与	目標達成度/表彰など 能力開発など
特別評価の中での割合	50%	50%
成果評価システム全体の中での割合 （特別評価は全体の20%）	10%	10%

(6) 成果評価の提出物

1. 量/質の評価データ表：テーマ毎の評価を記入した一覧表
2. テーマ毎の貢献度評価表
3. 特別評価自己申告書
4. 目標管理シート

5. 能力開発育成シート：すでにある能力，さらに加える能力・レベルの目標と達成度
6. デザイン評価シート（1.を使って自分の評価を計算し，記入する）

上記のデータにより，評価者が最終評価を決定し，面談などでフィードバックする。

（7）デザイン評価システムによる評価の事例

1. 前提
   - プロダクトデザイナーPさん，30歳，入社8年
   - 職務等級　3等級（一般レベル）
   - 職場のOA推進も担当
   - 今期の成果評価割合　量：質：特別評価＝40％：40％：20％
     量の評価は「売上」により評価，目標基準550万円（表5.1）
     その他はこれまで述べた事例（表5.2，表5.4）の基準を適用する

表5.8　今期賞与レベル

3等級の評価別賞与支給カ月				
S	A	B	C	D
3.0カ月	2.6カ月	2.2カ月	2.0カ月	1.8カ月

表5.9　Pさんのテーマ別「量」と「質」の実績データ

テーマ	売上	本人の売上	質の絶対評価	難易度	等級との差	本人の質評価
新商品デザイン 2名で担当	400万円	200万円	B	N5	+2	S
シリーズ化されたデザイン	180万円	180万円	A	N2	-1	B
新シリーズのデザイン	300万円	300万円	B	N3	0	B
委員活動（本社費）		70万円	C	N3	0	C
		計750万円				

- Pさんの特別評価データ
    テーマ毎の貢献度評価：B
    （テーマに対して総合的デザイン推進を提案し，活動できた）
    目標達成度/受賞など：A
    （3Dデザインスキル向上，前年度デザインした商品がIF賞1点受賞）
2. Pさんの評価決定
    - 「量」の評価
      〔本人売上750万円〕÷〔3等級基準550万円〕＝136％
      $150\% > A \geqq 130\%$ なので「量」の評価はA
    - 「質」の評価
      $200/750S + 180/750B + 300/750B + 70/750C$
      $= 0.27S + 0.24B + 0.40B + 0.09C$
      $= \underline{0.27S + 0.64B + 0.09C}$
    - 特別評価
      テーマ毎の貢献度：目標達成度/受賞など＝50％：50％
      $\underline{0.5B + 0.5A}$
    - トータルの成果評価
      「量」：「質」：「特別」＝40％：40％：20％
      「量評価」×0.4＋「質評価」×0.4＋「特別評価」×0.2
      $= A \times 0.4 + (0.27S + 0.64B + 0.09C) \times 0.4 + (0.5B + 0.5A) \times 0.2$
      $= 0.40A + 0.11S + 0.26B + 0.04C + 0.10B + 0.10A$
      $= \underline{0.11S + 0.50A + 0.36B + 0.04C}$
    - 支給カ月（表5.8）
      S＝3.0カ月，A＝2.6カ月，B＝2.2カ月，C＝2.0カ月
      支給カ月＝$0.11 \times 3.0 + 0.50 \times 2.6 + 0.36 \times 2.2 + 0.04 \times 2.0$
      　　　　＝$0.33 + 1.3 + 0.792 + 0.08$
      　　　　＝$\underline{2.502 カ月}$
    - Pさんの評価決定
      絶対評価2.502カ月がそのまま支給されればよいが，最終的には5段階評価に直す。最も近い2.6カ月＝Aとなる。
      予算枠に入らないときは，5段階評価に直す前のメンバーの支給カ月を

プロットし，基軸をシフトさせ，予算枠に入るよう調整する。
- 予算枠調整例

  図5.6の例において，計算値そのままでは，Xさん，YさんともにA評価となるが，賞与総額がオーバーして組織の予算枠に入らないときは，基軸をずらして予算枠に入るように調整する。その結果，図5.7のように，XさんはA評価のまま，YさんはB評価となる。

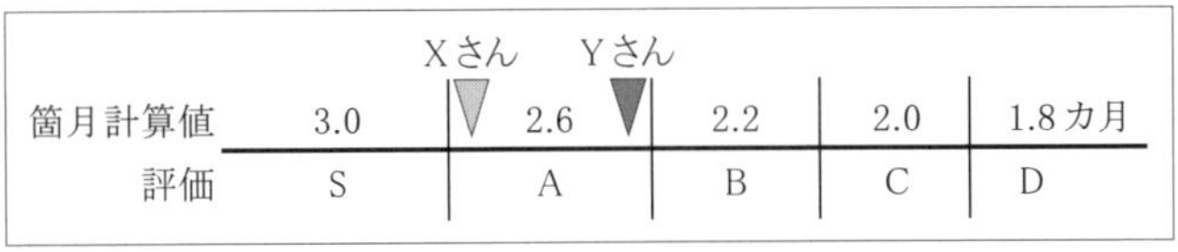

箇月計算値	3.0	Xさん 2.6	Yさん	2.2	2.0	1.8カ月
評価	S	A		B	C	D

図5.6 予算枠による調整前

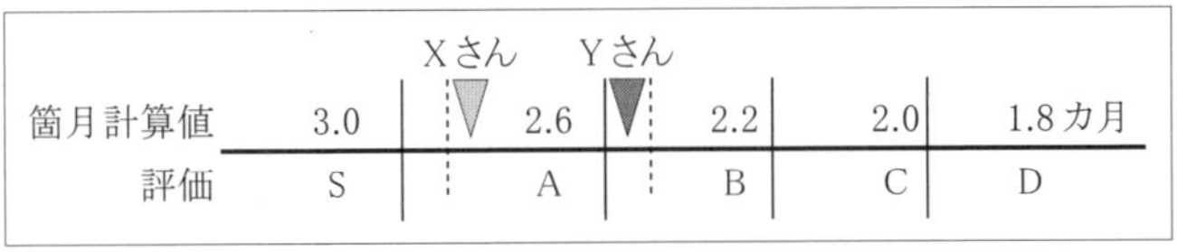

箇月計算値	3.0	Xさん	2.6	Yさん 2.2	2.0	1.8カ月
評価	S		A	B	C	D

図5.7 予算枠による調整後

3. 支給カ月が決定していないときは，基準Cを1.0として，すでに決まっている等級別係数，評価別係数を使用して5段階評価することができる。

5.5 評価システムの応用

これまで，デザイナーなどのクリエイティブな仕事を担当しているスタッフの成果評価について述べてきたが，このシステムをベースに工夫することにより，スタッフ以外の評価，あるいは他部門での成果評価などに広く活用できる。

(1) リーダーの評価システムの実践

評価システムの基本は，一般スタッフと同じであるが，「量」と「質」の把握を変える。当人の「量」と「質」のみにすると部下の指導がおろそかになる。そ

こで，リーダーの成果評価は，当人の見ているチーム全体の「量」と「質」で行う。

表5.10 リーダーGさんの「量」「質」の成果評価例

```
スタッフ3名（Xさん，Yさん，Zさん）
Xさん： 量評価＝A  質評価＝0.3A＋0.5B＋0.2C
Yさん： 量評価＝B  質評価＝0.1A＋0.4B＋0.5C
Zさん： 量評価＝A  質評価＝0.3S＋0.2A＋0.5B
Gさん： 量評価＝(2A＋B)/3
        質評価＝(0.3S＋0.6A＋1.4B＋0.7C)/3
```

また，指導育成を重視する場合は，「量」「質」「特別」評価の各割合をスタッフとは変えてもよい。

表5.11 リーダーの成果評価の割合例

```
量20％ ＋ 質40％ ＋ 特別40％
```

Gさんの特別評価をAと仮定すれば，最終成果評価は上記の評価割合をかけて表5.12となる。

表5.12 リーダーGさんの最終成果評価

```
〔(2A＋B)/3×0.2〕＋〔(0.3S＋0.6A＋1.4B＋0.7C)/3×0.4〕＋ 0.4A
＝0.04S＋0.61A＋0.25B＋0.09C
        Gさんの等級で決定している賞与のS，A，B，C，Dの
        5段階評価の箇月をかければGさんの最終評価が出る。
```

(2) マネージャーの評価システムの実践

マネージャー（管理職）の評価は，リーダーの評価と同じように自分がマネジメントしているスタッフの「量」「質」の成果評価を使い評価できる。

そこまで精度を高めなくても，よりメリハリの利いた戦略的評価が必要な上位者には，現在多く行われている，上位方針より作成したマネジメント個人目標の達成度を使って評価する方法で問題はない。

(3) 複数視点からの「量」の評価実践

提案型企画や育成中の機能などのスタッフにおいて，売上金額のある仕事の比率があまり多くない場合は，評価システムの基本はこれまで述べたデザイン評価システムと同じにしておいて，「量」を「売上」と「活動量」の2面から評価する．1カ月間のテーマ毎の仕事の割合を算出し，売上のあるテーマとないテーマの割合を出す．

＜複数視点の「量」評価例＞

1. 前提
    - プランナーHさん，31歳
    - 職務等級　3等級
    - 3等級の売上目標　550万円/半期（表5.1）

    Hさんの量の成果
    - 売上が立つテーマ：売上が立たないテーマ＝60％：40％
    - Hさんの今期売上実績　400万円
    - 売上の立たないテーマのレポート，企画書の活動量による量評価
        A，B，B，A，A，B/月毎

2. Hさんの量評価決定
    - 「売上」からの評価
        目標550万円の60％は330万円なので，Hさんの売上に関してのC評価基準は330万円．売上実績は400万円．
        400万円÷330万円＝121％，表5.2により「B」評価
        B×60％＝<u>0.6B</u>
    - 「活動量」からの評価
        Hさんの活動量の評価は6カ月の半期で3A＋3B，活動量は「量」の評価の40％なので
        〔(3A＋3B)÷6〕×0.4＝<u>0.2A＋0.2B</u>
    - 「量」の最終評価
        量評価＝売上評価＋活動量評価
        　　　＝0.6B＋0.2A＋0.2B
        　　　＝<u>0.2A＋0.8B</u>

量の最終評価は，0.2A＋0.8B となる。評価システムに従い「質」と「特別」評価を加え，最終成果評価を決定する。

上記のように，複数視点からの評価も可能なため，「売上」「目標時間」「活動量」「実労働時間」など，状況に合ったいろいろな評価を組み合わせることができる。「質」の評価についても同様に，複数視点からの評価が工夫できる。これを応用することにより，いろいろな職種の仕事の成果評価をシステム化でき，納得性・公平性を向上させることが可能となる。

5.6 まとめ

同じ企業内であっても，その機能組織にお金を出してでもやってもらいたいだけの QCD が確保されていなければ，それ以上の価値を出す外部にアウトソーシングされる。個人においても，いかに時間をかけたかの成果から，いかに「量」「質」を中心に成果を出せるかがますます問われる。プロの仕事は，言いかえれば高いレベルの QCD を確保することであり，組織として高いレベルの QCD を実現することがマネージメントである。成果として出された仕事の QCD を各自の評価に置き換えるのが評価システムである。

表 5.13　仕事の QCD と成果評価の関係

仕事の成果の Quality ＝「質」の評価
仕事の Cost ＝「量」の評価
仕事の Delivery ＝「短納期対応」「態度」などの特別評価

当然，これからの仕事はデザイナーだけでなく，アドミニストレーション部門，開発部門，事業部のすべてにおいて公平で納得性のある評価システムを使い評価を行う必要がある。どの分野でも仕事をすれば何らかの成果が出て，すべて QCD の視点から必ず評価できるものであり，システム化できる。

＜評価システムの確立の基本＞
- QCD の複数視点から構成する
- 仕事はすべてテーマ登録化し，見える形とする
- 期間毎，あるいはステップ毎の評価とする

- データ化し，蓄積する
- 期待の評価基準を具体化，明確化し，公開する
- 組織の機能に合った成果の把握方法を工夫する
- ある期間実施した後にチェックし，改善を繰り返す
- システム構築には各構成メンバーが参加し，知恵を出す

以上のPlan–Do–Check–Actionのサイクルを継続し，システムをレベルアップすることで，元気の出る納得性の高い成果評価システムが可能となる。

コラム　先行開発組織を創るときの落とし穴

　新技術・新製品開発を始める場合に，ライン型組織から「優秀な」人材を抜擢して先行開発のための独立組織を創って軋轢を生んだ例をよく耳にする。
　たとえば，ライン部門は，もともと生産部門や販売部門との連携体制と情報共有化が図られているため，目先の仕事に邁進するが，「優秀な人材を引き抜かれた」という被害者意識から情報の共有を断ち切る行動をとり始める。
　一方，新設の開発部門は，発足当初しばらくは従前情報で活動できるものの，徐々にライン部門や生産・販売部門からの情報に疎くなり，社内での孤立が始まる。またラインとの違いを出そうとする使命感とプライドが災いし，焦りが出始める。そこで社外から情報を入手すべく外部コンサルタントに調査を依頼し，机上の空論をでっち上げるが，実働部隊を敵に回しているため，あえなく実行を断念する。挙句の果てに組織は潰され，「優秀な」人材まで潰されてしまう。
　ではそれを避けるためにどうすればよいのか？
　1つの方法としては，テーマによる期限付きプロジェクトを走らせるとよい。つまり，組織をタスクフォース型にして，人も環境も臨機応変に対応できる柔軟なマネージメントを心がけること。さらに，複数のテーマを走らせ，メンバーにつねに緊張感を持たせると共に，スケジュール管理は自己責任で進められるような仕事の与え方をすることである。（マズローの「自己実現欲」応用）
　先行開発テーマで，成果が見えてきたなら，早めに苗床（人材）を生産・販売部門に移植して現場を体験させることである。ただし，せっかくの苗床を枯らしてしまうあわて者（自分で理解しないで「報告書」だけで動く幹部）も多いので，タイミングや環境のバランスをよく見極めることも大切である。
　個人については異なる仕事を複数持たせることも重要である。つまり昔から「大事な仕事は忙しいやつにやらせろ」と言われているとおり，異なる複数の仕事を抱えた人の方が工夫をして良い成果を出す。1人の人間の中で違う仕事が走ると，体の中で情報が相互誘発され，思いもよらないアイデアを生むものである。もちろん組織においても異分子（異分野の人材）を配置することが，その組織の活性化に役立つことは言うまでもない。

〔竹末俊昭〕

6 デザインの効用
デザインは中小企業の生き残りのための条件

玉置英樹

6.1 中小企業における新製品開発は
ひとつ詰めを誤れば企業の命取りになる

（1）形や色彩だけがデザインの本質的な要素なのではない

　筆者が所属するレッキス工業では，デザイン部門設立までの期間，プロダクトデザインは量産品を開発する場合の単なるひとつの前提条件として位置づけられていた。設計者自身が主体となって行っていたために，ともすれば機能設計が優先され，デザインは二次的なものとなっていたのである。デザインの重要性が認識されはじめたのは，1989年に社長の英断で新たにデザインセクション（デザイン開発グループ）が設けられた頃からである。このとき初めて，当時，営業部門にあったグラフィックデザイン部門とは一線を画して位置づけられた。

　当時は，その任務を与えられた筆者自身もまだ駆け出しの頃で，そもそもデザインとはいったい何なのか，究極の目的はどういうことなのか，と自分に問い続けているような状態だった。プロダクトデザインは，ユーザにとって，企業にとって，また社会にとってどのような意義を持つのか，またそれらの人々に対してどのような影響を与えうるのか，ひょっとしたら，何の影響力もないのではないかなどと自問自答したものである。

　ここで簡単にレッキス工業株式会社（代表取締役社長宮川恭一，本社・大阪市中央区西心斎橋1-4-5，(www.rexind.co.jp) 以下REXと略記）を紹介しておこう。会社創立は1925年（大正14年），2005年8月で創業80周年を迎える。建築設備配管関連の機械工具メーカー一筋で現在に至る。企画・開発・設計・製

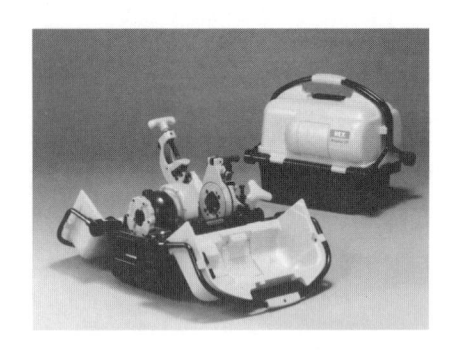

図 6.1
世界初のパッケージタイプのねじ切機 S25A（1994年度グッド・デザイン受賞）

造・販売と一貫したモノづくりを，東大阪市の工場を起点にして，鳥取工場，グローバルな経営のもと米国オハイオ州に Wheeler-REX，中国蘇州に蘇州 REX などの生産・営業拠点を持ち，国内はもとより海外50カ国へ輸出している。

主な製品としては，パイプねじ切機，ポリエチレン（PE）管用融着機器，各種切断機，ダイヤモンド機械工具，その他配管工具などがある。

話を戻そう。

デザインすることが会社にどういう変化をもたらすのか。単に，製品の形やカラーリングを追求することがデザインなのか。入社以来約10年を技術畑出身のトータルデザイナーとして歩んできたが，いま振り返ってみると，当初はなかば趣味的に製品開発の仕事をしていたようにも思える。

技術や設計の良いところは，モノづくりへのロマンをつねに持てるということである。正直なところ，製品開発で設計の担当をしていた駆け出しの頃は，この製品がユーザにとって，会社にとって，社会にとってどうなのかというようなことは考えもしなかった。それが経験を積み重ねてキャリアに円熟味がついてくると，同じように製品開発の仕事をしているつもりでも，自然に企業や社会への貢献ということを考えるようになった。何がそうさせたのか。

企業の規模には関係なく，一般的に技術屋には専門バカ的なところがあり，製品開発をする場合でも，それにのめり込んでしまって，周りがよく見えない状態で自分をつくり込んで開発に取り組んでいる人が多いのではないだろうか。言ってみれば，技術屋は自分の世界で仕事をしている結構わがままな人種なのかもしれない。

自分の周囲や世間に対して問題意識を持って見るようになると，いままでとは違った設計が可能になってくるものだ。技術屋はコンセプトを整理して企画

書を作成するようなことはあまりしない。会社としても，一般的に中小企業では製品開発に当たって，企画やコンセプトにあまり時間をかけない。REXでも以前はそうであった。

　なぜ企画やコンセプトづくりに時間をかけないのかというと，企画を練る時間的余裕も人材的余裕もないからである。また，どのように作成すればよいのかという知識も持ち合わせていない。これでは目的を絞り込めるわけがないのである。

　ところが中小企業には，不思議と発明家的な存在の人間が必ず一人くらいはいるのである。その会社のトップ経営者であったりすることが多い。トップ経営者の発案で進められている製品開発プロジェクトが，テレビのドキュメンタリー番組でたくさん紹介されているのを知っている読者も多いはずだ。

　こうした中小企業の小回りの良さは，大きな長所であり，また強力な武器でもある。これに加えて，しっかりとしたコンセプトで製品開発を位置づけていくことができれば，十分に大企業にも太刀打ちできる。中小企業がその真価を発揮できるのは，この小回りの良さである。その根本には，ユニークな製品開発を通して打って出る気概がある。もちろん，開発した新しい製品に対してどれだけの価値を創造できるか，顧客に喜んでもらえるかが，最後の勝負になる。

　しかし，新製品開発には莫大な額の投資が必要だ。むやみやたらに新製品の開発にとりかかれるわけではない。中小企業ではひとつ間違えば企業の命取りにもなりかねない。だからといって，小回りの良さと打って出る精神を二の次にして数字的な管理にこだわりすぎるようでは，遅かれ早かれ大企業の下請けに甘んじざるをえなくなる。下請けに未来はない。確かに，開発予算にも限りがある，失敗は許されない。しかし，1案件の開発に賭ける熱い思いをあきらめてしまうようでは情けない。

　中小企業が陥りやすい欠点がもうひとつある。前にも述べたが，商品コンセプトやマーケティング・企画をなおざりにして，いきなり設計に取りかかることである。こればかりはリスクが大きすぎる。もう，ひと昔前のように，製品を完成させてから顧客に売り込む（プロダクトアウト）のではなくて，今日の厳しい企業間競争の中では先に顧客のニーズを徹底的に分析してから製品開発に取り組む（マーケットイン）ことが絶対条件になっている。

　REXでもこれまでに，さまざまな新製品開発パターンを経験してきたが，企

画に時間をかけた案件は、比較的に高い確率で成功している。先にも述べたように、ひと昔前は開発担当の技術屋がまるで自分が個人事業者であるかのように、一人で企画から構想設計、試作、量産までのほぼすべての工程をやりくりしていた。開発時間も18～24カ月を要した。それが今日では役割分担がきっちりとできていて、設計者への負担も軽減したため、12～16カ月に短縮されている。設計担当者は技術関連の要素のみを押さえておけばいい環境になったのである。

しかし、ここに落とし穴があることを見落としてはいけない。世の中はどんどん変化していく。業界も顧客のニーズを先導する形で、あるいはニーズに応える形で、変化への対応を余儀なくされる。問題は、一技術者としてその変化に対応していく過程で、単なる技術屋に甘んじることなく、どれだけ的確な未来予測ができるかということと、どれだけこれからの時代にふさわしい創造的な取り組みができるかということである。近未来商品の提案（アドバンスデザイン）もまた、私たちの大きな使命のひとつであることを忘れてはいけない。

（2）玄人をうならせてしまうほどの"魅力的な製品発想"こそ中小企業デザインの真骨頂である

数人規模の小さな会社では、だれもが一人で何役もこなしている。作業機械工具メーカーREXのデザインセクションも、ちょうどこのパターンによく似ている。工業デザインはもちろんのこと、製品のカタログ類や各種印刷物などの商業デザインに至るまで、広範囲にわたるデザイン業務をこなしている。さらに、CI（コーポレートアイデンティティ）すなわち、企業コンセプトを明確にし、企業イメージを統一するための施策だが、そのビジュアル面、たとえばロゴマークやサイン（屋外広告）、ユニフォームの制作も行っている。

デザインセクションのこれまでの経緯を簡単に整理しておこう。先にも述べたが、REXが工業デザインの重要性に目覚めてデザイン開発というセクションを設置したのが1989年、その後、営業部傘下のグラフィックデザイン部門を統合したのが1998年、そして2002年4月にはデザインだけではなく、商品企画も担当するようになった。こうして企画、設計、デザインから広報・宣伝に至るまでトータルに製品に関与するようになったわけである。

このようにデザインにトータルに取り組んでいるのには理由がある。こうし

図 6.2 上図が新ロゴマーク（1993年より使用）下図は旧ロゴマーク

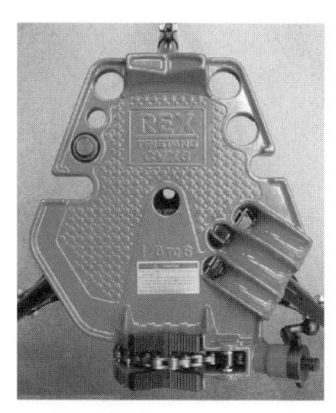

図 6.3 製品へのロゴマークの使用例（チェーンバイス CVX6）

てこそ真の意味での企業イメージやブランドの確立につながると考えているからである。外部のデザイナーに依頼すると，企業コンセプトの説明ひとつにしても意思の疎通が図れるようになるまでにはかなりの時間が必要になるということもあるが，トータルに取り組んでいると，関連して次に何をしなければいけないかということが明確に見えてくる。

　このデザインセクションの業務が当初のデザイン開発という位置づけから，デザインを商品企画と一体のものとして考えるようになった結果，実にさまざまな効果が生まれている。それがREXの強みにもなっている。具体的には，まず第一に斬新なアイデア商品が生まれるようになったこと。これまでの技術開発の発想には限界があった。第二に，デザイナーに設計の知識があるために，フィーリングでデザインするようなことがなくなったこと。これはマーケティングを重視して，理系人間の論理で，数字に強い設計担当者が統計学的にニーズを分析するようになったからである。第三にCIも含めて，コンセプトを重視するようになり，製品の完成度も高くなったこと。これはブランドを確立するうえで必要不可欠な要素と言っていいだろう。

　筆者の専門は技術畑の機械工学で，いわば工業デザインの分野からこの仕事をするようになったわけだが，それがトータルデザインを推進していくうえで大きく役立った。芸術系・美術系大学の出身者には学べないことを学ぶことが

できたと思っている。REXのデザインセクションが他社とは異なる特殊な位置づけになっているのもそのためである。

REXでは会社規模が小さい（従業員250名）ということもあって，企業コンセプト通りに，商品はもちろんのこと商品カタログや取扱説明書，ラベル，パッケージ，看板，営業車の外装，ステーショナリーなどにいたるまで，デザインを統一させることが容易である。意識的に統一性を持たせることでCIになる。

商品の形や色にもCIは深くかかわっている。「形」はスタイルである。スタイルは企業の顔である。車で言えばベンツにはベンツらしいスタイルがあるし，BMWにはBMWらしいフォルムがある。「色」は企業イメージを大きく左右する。内外の電動工具メーカーも独自のカラーリングを採用している。製品の色やロゴマークの使い方ひとつで，その企業の考え方や姿勢が見えてくるものだ。

CIの観点から商品のカラーリングを考察すると，多くの企業では統一色を決めるのが一般的になっているようだ。しかしREXでは，メイン商品のネジ切り機以外の商品では統一色を決めていない。なぜ統一色にしないのか，作業機械工具としての商品のイメージやその商品の使用状況・使用環境によって色に対する考え方を変えるべきだと考えているからである。安易に大企業の真似をするつもりはないのである。

そういうわけでREXでは，新製品を開発するたびに，商品の持つ機能美を追求し，その商品コンセプトに合ったカラーリングを選定している。商品自体の機能を最大限に引き出すには，機械的特性の向上はもちろんのこと，製品の造形や使い勝手などの奥深い詰めが必要となる。

高い機能を持った製品が必ず良い商品だと言えるわけではない。なぜなら，高機能であっても使い勝手や安全性などの生理的側面が悪ければ，商品としては失格だ。モノづくりの観点からも人間工学的発想は避けては通れない。良い製品は，全体のフォルムやシルエットを見ただけである程度はわかるものである。見ただけでどのような機能を持っているのか，直感的に何に使う製品なのかを理解できる造形（アフォーダンス）は，おのずからいいスタイルをしているものだ。

デザインとは製品に"魂"を注入する行為であって，商品としての"パワー"を与えることだと考えている。「魅力のある商品とは」という問いかけをつねに忘れることなく，企画し，アイデアを追究し，それを創造的なデザインで結実

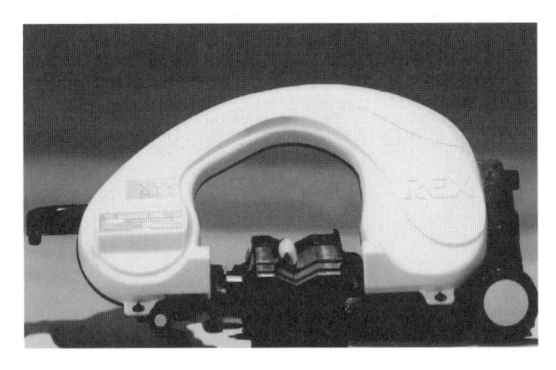

図 6.4
切断機マンティス 180
(1994 年度グッド・デザイン特別賞)

させたいと心がけてきた。

　筆者は極力，物事の常識にとらわれないで発想することをモットーにしている。仮にいま，ここにチューブカッタがあるとしよう。私はまず，現状のこのようなチューブカッタではだめだと否定することから始める。そしてどういう点をどういう理由で否定したかを具体的に書き出して，それに替わる新しいアイデアの考案に取り掛かる。創造力を働かせてアイデアをできるだけ多く出していく。正直言ってこれはきついものがある。物事を肯定的に見たり常識にとらわれていては，ユニークな発想などできるわけがないからである。人間だれでも現状に甘んじていられるのであれば楽に生きていけるものだから，変化を嫌う。それだけに変化させるにはエネルギーが必要だ。

　モノづくりはアイデアが勝負である。アイデアは「思いつき」とは違う。アイデアには必ず「これこれの条件で」という制約がある。たとえば，大きさ，重量，性能，機能性，操作性，安全性，コストなどの前提条件があって，それをクリアする斬新な発想が真のアイデアというものなのだ。「思いつき」にはこの前提条件がない。だからほとんど使い物にはならない。

　新製品の発想に当たっては，まず企画コンセプトがしっかりしたものでなければならない。それが先に述べた前提条件に相当すると考えてもいい。コンセプトはおのずから「的（まと）」を絞ってくれる。何のアイデアもなく製品の外観だけを一生懸命こねくり回してもナンセンスというものである。魅力的な商品をつくるためには，作り手側としてもワクワクしながら造り込むくらいの認識を持っていなくてはいけない。

(3) 製品開発はニーズが顕在化してから取り組むのでは遅すぎる

　どの企業においても、ヒット商品を出す秘訣を書いたマニュアルなどあるわけがない。REXでは、商品を企画するときのポリシーとして次の3点を重要視している。

1. 独自性（Originality）
2. 感動（Emotion）
3. 創造性（Creation）

　これは、「ものまね、後追いは絶対にしない」と肝に銘じて、真に新しいものを追究していこうという姿勢の表明である。

　REXは現場作業用の機械工具メーカーである。だから、商品企画のアイデアは現場から生まれることが多い。現場作業をよく観察し分析して作業をイメージしながら、疑問に思ったことを実際の現場作業者に根掘り葉掘り聞くことによって、ヒントを集めていく。そして、「自分ならどうするか」を考えてみる、これが基本である。目指すところは、徹底して"これからの現場のあり方"を見極めることである。作り手と使い手が共感できる工具、共に喜びを分かち合える工具をつくるためだ。

　もちろん、現場作業者の動きからも目を離さない。作業者へのヒアリングと併せて、両方をしっかり分析することによってこそ、潜在ニーズを掘り起こすヒントが得られるのである。REXでは、ニーズが顕在化してから対応するというような悠長なことは許されない。

　若いころに経験したこんなエピソードがある。あるミニ展示会で、開発を担当した新製品のデモを行っていたときの話である。ある人から突然質問を受けたのだが、従来の製品に相当不満を持っていたらしく、憤懣やる方なしという感じで厳しい指摘を浴びせられて、ずいぶん後味が悪かったことを覚えている。正直なところ、何という人かと思ったものだ。ところが数日後に、担当の営業マンから「この間のお客様が新製品を買ってくださった」と聞いて驚いた。本当の顧客というものは、実の親のようにやかましいものなのだ。その裏には真剣にその商品を気にかけてくれている優しさがあるのだ、ということがわかった次第である。

ライバル会社の製品の評判や使い勝手がどうかという情報ももちろん収集するが，何よりも顧客のニーズの変化をいかに早く読み取るかがカギとなる。今後の企業経営に大きくかかわってくるからである。法律の改正が業界に及ぼす影響や，ひとつの発明が業界に思わぬ変化をもたらすということもある。今後，この厳しい競争社会の中では，情報収集能力，情報分析能力がますます要求されるようになるだろう。しかし，現在の中小企業にはそのような能力がいちばん欠けているのが実情である。

6.2 社内改革は「温故知新」から始まる

(1) "サラリーマン根性"を捨てて

筆者は工業デザインを自らのベースにしながら，商品企画のトータルデザイナーとしてグラフィックデザインの分野にもタッチする技術屋である。

技術屋が図面を引くとき，昔はドラフター，いまはCADだが，ふつう，任意のところに線を何本も引いたりするようなことはしない。だいたい1本である。しかし，デザインの世界では，アイデアスケッチやレンダリングの下絵になると，鉛筆のラインが何本も重なり合い，上の線を取るか下の線を取るかで，そのものの形状が大きく変わってしまう場合がある。

描いた1本の線に対して，どれだけプロ意識が持てるか。命を賭けているかどうか，少し大げさだが，それくらい気合いを入れて私たちはスケッチなりデザイン画を描いている。たえず"こだわり"は持ち続けてきた。

そういったこだわりを持った取り組みは，必ず相手（ユーザなど）に伝わるものだと信じている。デザイン作業では，絵を描いたりモデルを造ったりする場合が多いが，一般の人には理解できないほどの集中力で取り組んでいる。これは業界を問わず言えることで，一流の人たちが真剣に仕事に打ち込んでいるときの集中力はものすごいものがある。

私たちの製品開発でも，気合いが入っているときには自分でも驚くほどの集中力がみなぎってくる。時間を忘れて，食事をとる時間さえ惜しいものだ。そういうときにはたとえ深夜であっても一気に作品を仕上げてしまう。作業の区切りを重視するから，中途半端に仕事を途中で止められないのである。

個人差はあるが，見直しや微調整は翌日の朝，脳みそが新鮮なときに行うこ

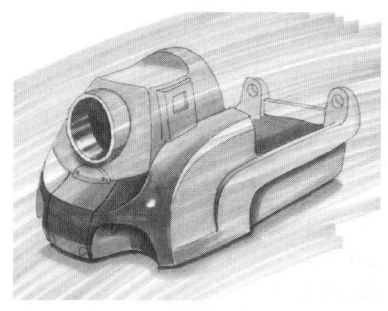

| レンダリング | クレイモデルの作業風景 |
| 完成間近なクレイモデル | 量産品（S80A ねじ切機） |

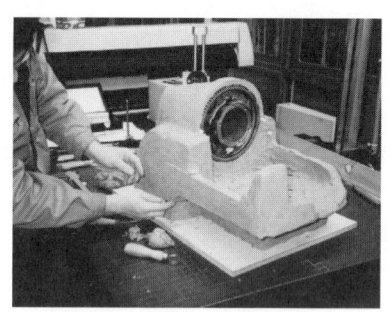

図 6.5　デザインワークと最終製品

とが多い。とにかくデザイン作業をやり始めたら，一日でも早く最終のできあがりを見たいものなのだ。だから，余計に気合いを入れて作業を進めることになる。サラリーマン根性で定時間勤務を要求するようでは，とてもこの仕事はやっていけるものではない。

　"魂"を込めてつくった新製品には，商品として勢いがある。これを，営業マンの代役をしてくれるカタログにどう表現するかが重要なのだ。当初は外部のデザイン事務所に依頼していたが，商品への理解が行き届かず不適切な表現のものしかできあがってこない。結局は時間のむだ使いであることに気づいて，REX 社内での制作に切り替えた。

　REX のデザインセクション（商品企画グループ）は，所帯がこぢんまりしているから，プロダクト（工業デザイン）とかグラフィックス（商業デザイン）とかの区別はあまり必要ではなかった。むしろ，開発の流れを考えると内部で平

面デザインもしたほうが，いいものができることもわかった。これがREXにおけるプロダクトデザインからトータルデザインへの進化の始まりであった。本来，一般的にプロダクトとグラフィックスの性質はまったく異なるものと認識されているが，やる気があれば両立は不可能ではない。開発商品に関する知識は当然開発段階から携わっているのでよく理解できているし，構造や特徴も十分に把握できているわけだから，重要なポイントを外すようなことはない。REXにおけるこのデザイン部門の統合は，業務のスピード化につながったばかりでなく，大きなコストダウン効果をもたらしたのである。

　そればかりではない。商品開発におけるデザインの一貫性は，市場に勝てる商品を供給することにつながった。スタッフの年齢に関係なく，みんなでいいものを造ろうとする燃える志がひとつになってこそ，商品開発は成功する。ものまねや後追いでは絶対に市場で勝てるものではない。

　ここで事例として，2000年度(財)日本産業デザイン振興会選定グッドデザイン賞および中小企業庁長官特別賞を受賞した「RBチューブカッタ」を紹介しておこう。この商品のコンセプトは，「見て楽しい，触って楽しい，使って楽しい」である。パイプカッタは文字通りステンレス・銅管パイプを切断する手工具である。メーカーは世界的に見ても数えきれないほど多いし，カッタの種類も驚くほどある。そういう状況の中でREXがどういうところに活路を見いだしたか。私たちは他社がまだ手がけていない部分に着目し具現化するとともに，アイデアとデザインに重点を置いて他社商品との違いを鮮明に打ち出したのである。

　すべての軸受けにボールベアリングを採用し，造形はパイプ配管をモチーフにしてデザインをまとめた。通常，超低速回転のところにベアリングは使わない。また，表面処理においては環境に配慮し塗装をやめた。使い込むと塗装がはげて見苦しくなるということもあるが，道具本来の持ち味は，使いこなすことで素材の特性が発揮されると考えたからだ。この常識破りの発想（アイデア）が実を結んだわけである。

　受賞に当たって評価されたのは，ボールベアリングの採用で切断時のトルクを半分以下に低下させたこと，アルミダイカストによるラウンドフォルムを採用した本体は素手で持った場合に優しい感触で，プロテクターや滑り止め部分には優れた造形処理を施していて誰にとっても使いやすいデザインになってい

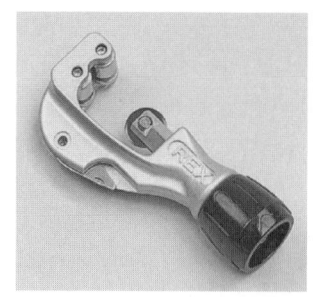

図 6.6
従来品と
RB チューブカッタ

従来品 　　　RB チューブカッタシリーズ 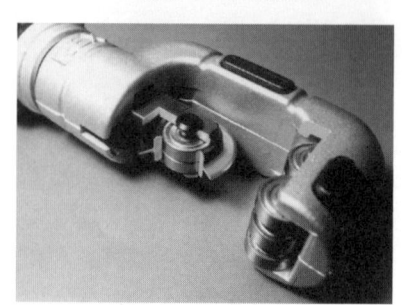　　　断面とボールベアリング

ること，そうした素材選定や加工仕上を含めて，製品の総合的完成度が極めて高いという点にあった（Ｇマーク40年スーパーコレクション選定商品）。

　アイデアは考えて考え抜いて出てくる場合と，不意に出てくる場合とがある。もちろん，不意にといっても単なる"思いつき"ではない。つねに問題意識を持って物事を見る姿勢があってこそ，脳裏に収められていたアイデアが突然出番を待っていたかのようにひらめいて出てくるものなのだ。このアイデアは，実に売上を一挙に3倍以上にも増加させたのである。

（2）革新は"現状の否定"から始まる

　現状の否定とは，現状をベストとは考えないということである。現状に満足していては進歩がない。つねにもっといいものができないか，もっと革新的なものができないかと，どれだけどん欲になれるかというところにアイデアマンの真骨頂があると言えるのではないだろうか。
　一般的な商品開発では，商品を見直す場合に2つの手法がある。ひとつは，改

良を積み重ねていくマイナーチェンジの手法，もうひとつは，全面的に変更するフルモデルチェンジの手法である．前者は顧客からの要望で比較的小規模な改良で済ませられる場合や，不具合な部分を手直しするといった場合である．また後者は，現有商品を超える価値ある新しい製品開発として取り組む場合で，一般的には性能，機能，形状，コスト，使い勝手などを根本的に見直す．

現有商品以上の価値ある製品を創造するためには，まず現有商品をよく分析して，どういうところに新しい考え方を導入していくかを検討しなければならない．このポイントの押さえ方が問題である．現場作業用の機械工具の場合は重要な要素として，現場における作業スタイルの変化（一般商品ならライフスタイルの変化ということになろうか）を見極めておく必要がある．この見極め，読みが，製品コンセプトのみならず製品開発そのものの方向性を大きく左右すると言ってもいい．

REXのデザイン戦略の成果の一端を紹介しよう．

1994年に開発した切断機「マンティス180」は，建築設備配管機材分野でいち早くユニバーサルデザイン的発想で製品化に成功している．この製品は，1994年度通産省選定グッドデザイン賞および中小企業庁長官特別賞を受賞した．当時，この製品はその新しい機能性とあらゆる部分に見られる新規なアイデアが大きな注目を集めた．見るからに性能の良さを思わせるシルエットは，チェーン巻き取り機構を内蔵し，カバーには樹脂ブロー成形品を使用して，チェーンの汚いイメージを払拭している．業界におけるその存在感は，ライバル会社が

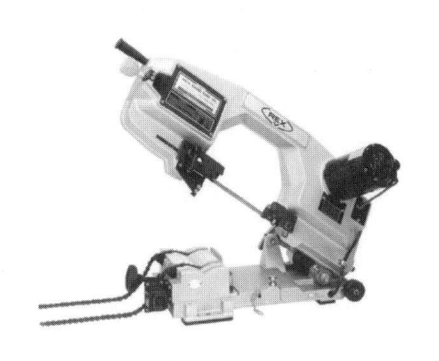

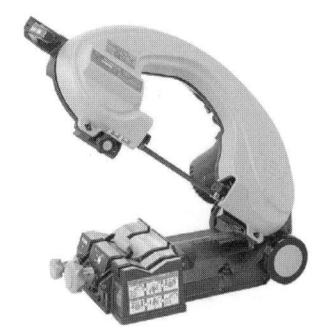

旧バンドソー　　　マンティス180（Gマーク40年スーパーコレクション選定商品）

図6.7　バンドソーの移り変わり

類似品を出さざるをえないほどに大きな影響を与えたといっていい。

　REXが現場作業用の機械工具のカラーリングに積極的に取り組み始めたのは1990年代の初めの頃である．業界におけるそれまでの製品の色は，どちらかと言えば暗いイメージで，ワンパターンな色が主流を占めていた．

　とかく建築の作業現場というのは，薄暗くて危険な場所だ．REXは，デザイン力でこうした作業現場をなんとか明るくしたい，快適に作業できる環境にしたい，と考え続けてきた．そしてまずは，そこで使われる道具や工具を明るく感じさせるものにして，気分的にも快適に使えるカラーリングを行うようにしてきたのである．

　こうしたREXの商品開発に対する考え方やデザイン思想は，今日では業界を越えて評価されるようになってきている．もちろん，私たちを取り巻く環境，すなわち建築設備配管分野や金物用電動工具分野などにも大きな影響を与えてきたと自負している．

　斬新なカラーリングの事例をもうひとつあげるとすれば，1992年に発売した「ダイヤモンド・コア・ドリル：スパーケルシリーズ」（鉄筋入りコンクリートに孔を開ける機械）がある．この製品も（財）大阪デザインセンターの1993年度年間最優秀賞を受賞しているが，ユニークな造形処理もさることながら，3機種の本体に赤・黄・青のベースカラーにパールパウダーを30％混合したパステル調のオリジナル塗料を使用するという新しい試みをしている．これは建築設

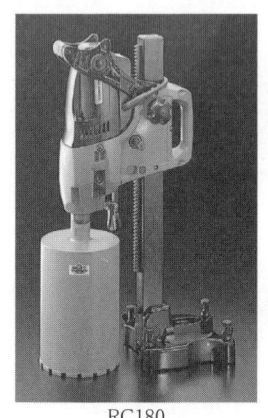

| RC180 | RC130 | RC90 |

図 **6.8**　スパーケルシリーズ

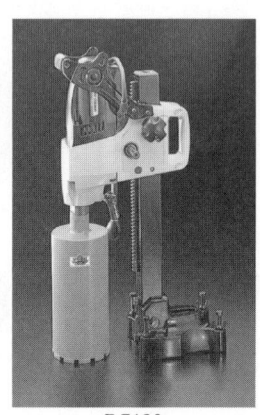

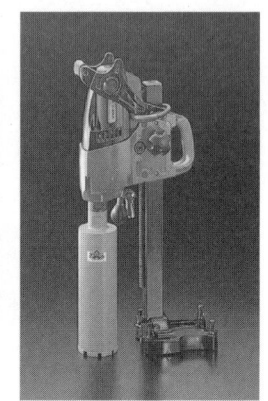

備配管機材業界や電動工具業界では初めてのことであっただけに脚光を浴びた。この後，各社でも徐々にこうした中間色を使う傾向が強まっていったようだ。

　デザインという仕事は一見，華やかに見える。社内的にもなかなか理解が得られない。単に色・形の問題だと思っている人がほとんどだ。中小企業ではデザインの重要性を理解してもらえるトップがいてこそ，デザインセクションの存在意義も生まれてくる。REXのデザイン部門は先に述べたように，トータルデザインとしての商品企画という位置づけになっている。総勢6人という少人数で各人が何役もこなす。この各人が何役もこなすというところが，REXならではのトータルデザインを可能にしている特徴なのだ。人数が少ないから各人が何役もこなすというのではない。人数が増えても何役もこなせる商品企画トータルデザイナーであることが要求される。

　ここで，なぜ「商品企画＋デザイン」なのか，なぜデザインが商品企画を取り込んだのかを説明しておこう。これも偏に開発の効率化とCIである。トータルデザインを目指し，追究・実行しているのも，効率化とCIのためである。製品開発プロセスにおける前段階をも一貫したものとしてとらえることによって，完成度の高い最適コンセプトの訴求と，最終商品の的確なイメージ訴求を同時にできることがわかった。これは，企画の早い段階で行われるため，経営トップに対するプレゼンテーションや営業および技術へのプレゼンテーションにおいてはたいへん理解しやすい有効な手段となっている。

　大手企業の場合はともかくとして，前にも述べたように中小企業では，スマートにデザインだけでおさまっているわけにはいかないのが実情である。とくに，商品企画は「経験と勘と度胸」がものを言う世界である。さらに大事なのは，企画センスが要求されるとともに，ひと味違ったユニークなアイデアが織り込まれているかどうかで，その商品の付加価値は天と地くらい変わってしまうものである。この商品開発（トータルデザインとしての商品企画）の一連のプロセスは，今後，REXのデザインシステムとして大きな役割を果たすのみならず，内外からも新たな試みとして注目を浴びることであろう。

　他社同様，REXも人材不足である。新製品開発の量が多いためもっともっと人材が欲しいと思っても，デザイン系の新卒者の大半は大企業に流れてしまう。運よく採用できても育てることがまた難しい。中小企業で問題意識を持って取り組めるトータルデザイナーを育てるために，これからどのような策を講じれ

図 6.9
REX 商品開発プロセス

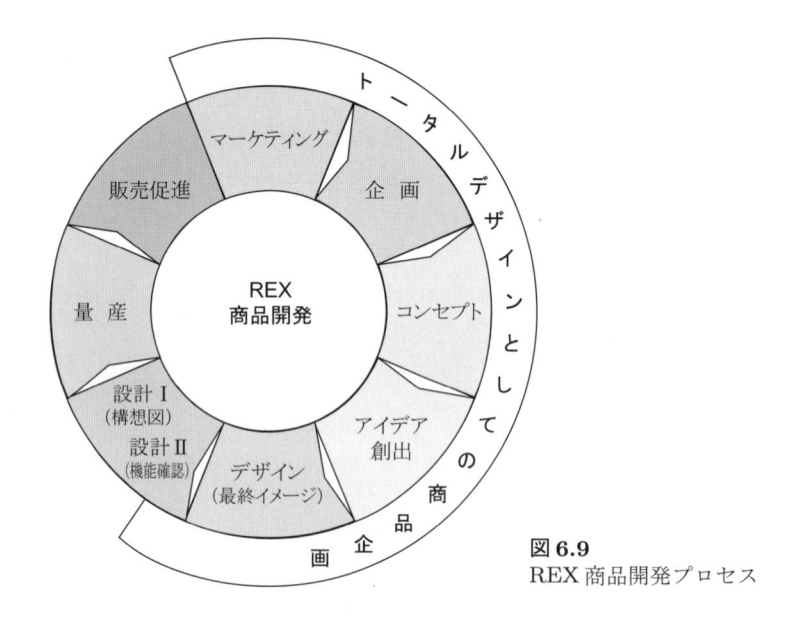

ばいいのか，それが現下の課題である．多くの中小企業でも同じ思いがあるに違いない．

といっても，新卒者を入れて育てる余裕がなくなってきているというのが，多くの中小企業の実情ではないだろうか．せいぜい即実戦に役立つ中途採用に力を入れているのが現実であろう．それもやむをえないが，本章のタイトルに取り上げたように，"デザインは中小企業の生き残りのための条件"であることを肝に銘じて，今後に備えたいものである．

(3) REX の目指すところ，その根本精神とは

REX は "オンリーワン企業" への挑戦を使命だと考えている．それは一企業としてばかりでなく，社会の一員としても大きな意義があることなのだ．だからこそ，先にも述べたように，ものまねや後追いをせず，独自性があり人に感動を与えるようなワクワクする商品の企画・開発，すなわち "顧客の心をとらえるモノづくり"を企業コンセプトにしている．

オンリーワン企業になるためには，基礎研究から応用研究までをできるだけの研究開発部門が必要である．他社にはまねのできない技術開発や技術の積み

重ねを地道に行っていくことが不可欠だからだ．大きな所帯でなくてもいい．3〜5人くらいの研究員でもいいと思う．人材が問題と思われるかもしれないが，その気になれば，工学部修士くらいは採用できる．むしろ問題は，その気になれるかどうかということではないだろうか．

　開発テーマの完成度を上げるためには，ユニークなアイデアとその裏付けが必要になる．それは血のにじむような技術開発努力と創造力があってこそ得られるものだ．思い入れが強くて，何年も悪戦苦闘することも珍しいことではない．限られた時間の中で精いっぱいアイデアの創出に集中しても思惑通りの発想が実を結ぶとは限らず，不満足なままで泣く泣くそのアイデアを使わざるをえない場合もある．自分では納得できなくても，そのときの問題意識は次の機会にアイデアのステップアップにつながることを，何度も経験してきた．

　ものまねや後追いは顧客に「浅はかな技術」という印象を与えるだけで，企業イメージを著しく落とすことになる．技術を売り物にしている企業にとっては，その損失は計り知れないものがあると考えなくてはいけない．

　今日では仕事にこだわりを持って取り組む人が少なくなった．とても残念なことだ．商品開発においても，こだわりのないモノなど何の面白味もない．ユニークな商品というものはこだわりから生まれてくる．そのこだわりが特許につながり，知的財産となるのである．どこにも真似のできない商品開発こそがオンリーワン企業へのパスポートだと言えるのではないだろうか．

　こうしたスタンスで，ユニークで感動するワクワクする新商品をコンスタントに開発していけば，当然，社内の活性化につながるはずである．

【参考文献】

[1] 山岡俊樹：人間工学講議，p.7，武蔵野美術大学出版局，2002．
[2] 神田範明：商品企画7つ道具実践シリーズ2，p.130–162，日科技連出版社．
[3] 神田範明：商品企画7つ道具実践シリーズ3，p.4，日科技連出版社．
[4] (財)日本産業デザイン振興会：グッドデザインアワード・イヤーブック GOOD DESIGN 2000–2001，p.231，丸善．

7 ユーザーエクスペリエンスを考慮したデザインマネージメント

山崎和彦

7.1 IBM*のデザインマネージメント

　1955年，当時の会長であるワトソン・ジュニアによって開始されたIBMのデザインマネージメントには，現在でも当時の考え方が生きている。デザインマネージメントの視点から，IBMのデザインの変遷を分類すると「デザインプログラムの導入」「ブランドの再生とユーザーセンタードデザイン（UCD）の導入」「ユーザーエクスペリエンス（UE）を考慮したデザインの導入」という3段階に分類することができる。

7.1.1 デザインプログラムの導入：ワトソン・ジュニア会長から始まったデザインマネージメント

　1950年，ワトソン・ジュニア会長はニューヨークの五番街で，ショーウィンドウに展示してあるオリベッティ社のタイプライターが目にとまった。彼には展示されているオリベッティ社のタイプライターに比べIBM製品はモダンなデザインに思えなかった。このときに初めて，ビジネスにおけるグッドデザインの重要性を感じた。また，同じ頃，オランダIBMのゼネラルマネージャーから非常に重要な手紙を受け取った。その手紙の中には，たくさんの自社とオリベッティ社のカタログが入っていた。同封された手紙の中には，「両社のカタログを並べて，何がIBMのカタログに欠けているのかを自問自答してほしい」と書かれていた。当時のIBM製品やカタログのデザインは全体として統一がとれてお

---

* IBM は IBM Corporation の商標。

らず，個々のものも美しくなかった。そこで，1955年にワトソン・ジュニア会長はエリオット・ノイズという工業デザイナーをデザインコンサルタントとして迎え，デザインプログラムを開始した。

こうしてワトソン・ジュニア会長によって始まったデザインプログラムの特徴としては，「ビジネスにおけるデザインの役割」「人間中心のデザインの考え方」「デザインコンサルタントの活用」があげられる。

(1) ビジネスにおけるデザインの役割

ワトソン・ジュニア会長は「IBMでは，粗悪な商品をグッドデザインによって良くすることはできない。しかしグッドデザインによって，商品の可能性を最大限にすることができる。簡単に言ってしまえば，Good design is Good business ということである」と言っているように，デザインを経営の重要な資源として捉えている。

(2) 人間中心のデザインの考え方（Serve People）

ワトソン・ジュニア会長は「私たちはグッドデザインとはまず人々をもてなすものであると感じています。そしてそれ以外の何者でもないのです。それはまずは人間のことを考えていなくてはいけません。人間とは社員やわれわれの商品を使用するお客様のことです」と言っている。ここでは，「Serve People」という言葉を「人々をもてなす」と訳した。「人間中心のデザイン」とは「社員やユーザーを中心に考え，その人たちにとって気持ちのよいデザインを目指す」という考え方である。

(3) デザインコンサルタントの活用

1955年，ワトソン・ジュニア会長はエリオット・ノイズをデザインコンサルタントとして迎え，デザインプログラムを開始した。社内のデザイン組織と社外のコンサルタントの組み合わせによるデザインマネージメントである。エリオット・ノイズはハーバード大学でバウハウス出身のウォーター・グロピウスとマルセル・ブロイヤーに学び，ニューヨーク近代美術館工業デザイン部門の初代のキューレーターでもあった。このコンサルティング契約によりエリオット・

ノイズは社外コンサルタントとして50％の時間をIBMのデザインプログラムのために費やした。また，エリオット・ノイズはグラフィックデザインのコンサルタントとしてポール・ランドに依頼し，映像や展示会のデザインをチャールズ・イームズに依頼した。また，建築はエーロ・サーリネンなど多くの著名な建築家に依頼した。エリオット・ノイズの死後，1980年よりリチャード・サッパーが工業デザインのコンサルタントとして就任し，現在でもコンサルティングを行っている。

これらの3つの特徴的なデザインマネージメントは，爆発的なヒット商品となった電子タイプライター，大型コンピューターを30年間リードした大型コンピューターシステム，ロゴやカラーを全社のあらゆる部門に展開したコーポレートアイデンティティのシステム，優れたオフィス建築，コンピューターをわかりやすく伝える展示会などに反映された。

7.1.2 ブランドの再生とユーザーセンタードデザインの導入

1990年初期，IBMは売上が減少し，利益もなくなり，深刻な状況になっていた。1992年，その状況を打開して新しいIBMを作るために，ルイス・ガースナーが会長兼最高経営責任者に就任した。そして，デザインマネージメントに関しても大幅に見直しを実施し，デザインマネージメントが再生の原動力の1つとなった。

1990年代の初期，IBMでは事業部制度が強くなり，それぞれの事業部独自のロゴや製品デザインが多く作られ，1つのブランドとして統一がとれず，混乱するようなイメージが広がっていた。また，とくに使いやすさという観点から顧客が満足しないデザインが増えていた。このような深刻な状況を打開するために，1993年よりIBMブランドの再構築とユーザーセンタードデザイン（UCD）の導入を実施した。

（1）IBMブランドの再生

IBMはブランドの再構築を進めるために，「戦略」「アイデンティティ」「ユーザーの体験」「マーケティング」「広報」という5つの側面から計画を実施した。「戦略」という面では，全体の戦略立案，自社の状況を判断するための定期的調

査，ネーミングやライセンスに関する戦略立案を実施した。「アイデンティティ」という面からは，自社ブランド，共同ブランド，技術ブランドなど幅広いブランド戦略の実施，ブランドデザインを社員に伝える「Sprit & Letter」という冊子やイントラネットによる情報提供などを実施した。「ユーザーの体験」という面からは，製品デザイン，Web，プレゼンテーション，研究モデルなどについてユーザーの体験を考慮したデザインを導入した。「マーケティング」という面からは，広告，イベント，印刷物とスポンサーシップに対して，効果的に統一された戦略を実施した。「広報」という面からは，アニュアルレポート，イントラネット，社員との対話と取締役のコミュニケーションなどについて，効果的な広報活動を実施した。

(2) ユーザーセンタードデザインの導入

　1993年よりIBMでは，市場で最も受け入れられる商品開発を効率的に行うために，統合製品開発（IPD：Integrated Product Development）を導入した。そのプロセスの中でUCDを商品開発における重要な取り組みの1つと捉え，その活動を推進してきた。UCDとは，顧客が満足する商品やサービスのデザインを目指して「人間中心のものづくり」の概念を体系的に具現化した手法である。
　UCDは，ユーザーをデザインプロセスの中心に据えることで，適切で使いやすい商品やサービスの提供を目指している。デザインプロセスの各段階で，ユーザー情報とユーザーからのフィードバックを収集するのが特徴である。ユーザーが目にし，触れるものすべてを対象とする。そのためUCDの実施には多分野にまたがる専門家によるチームが必要である。
　IBMにおけるUCDの特徴は，デザインやユーザビリティ関連の部門だけに導入するのではなく，全社的開発プロセスである統合製品開発の中に位置づけていることである。商品開発の要となる各段階で，UCDのチームからインプットされた内容は，次のレベルの開発へ進むのかどうかを判断するための重要な基準の1つとなる。

　これらの結果として，IBMブランドの再生やUCDの効果を具現化した商品やサービスが，次々と送り出された。たとえば，今後のビジネスのあり方を示唆するキャンペーン，統一された印刷物やWebのデザイン，世界のパソコン市

場をリードするノートPC，使いやすさで市場をリードするホームページ作成ソフトウェアなどである．

7.1.3 ユーザーエクスペリエンスを考慮したデザインの導入

2000年代より，IBMではハードウェア製品，ソフトウェア製品やWebサイトに対して，商品単体としての使いやすさや魅力を向上させるためのデザインから，よりユーザーの体験を考慮したユーザーエクスペリエンス（UE）デザインへという総合的なデザインアプローチが始まっている．その背景には，顧客満足度のさらなる向上，製品だけでなくサービスも考慮した顧客の総合的サポートへの変革がある．

ユーザーエクスペリエンスを考慮したデザインを導入するために，UEデザインプロセスや手法の確立，UEデザインセンターの設立，UEデザインのための人材育成に取り組んでいる．次節にて，ユーザーエクスペリエンスデザインの詳細について解説する．

この変化は，ユーザーの総合的な体験を考慮し商品ライフサイクル（認識，購入検討，購入，セットアップ，アップグレード）よりアプローチしている近年のソフトウェアシリーズや，4段階（意識，興味，購入希望，購入行動）のユーザー体験を考慮したWebキャンペーンなどで効果を発揮している．

7.2 日本IBMのUEデザインセンターのアプローチ

ここでは，日本IBMのUEデザインセンターの基本的なアプローチである「UEデザイン」と，それを達成するための「UCD」「ユニバーサルデザイン」「ブランドデザイン」「スマイルデザイン」について解説する．

7.2.1 UEデザイン

ユーザーエクスペリエンスとは，ユーザーの総合的な体験を考慮する視点である．UEデザインとは，ユーザーが使いやすく，魅力的で，ブランドを感じる総合的な体験をするために人工物，環境やシステムをデザインすることであ

る。そのためには，どのようなユーザーが対象であるか，そのユーザーがどのような体験をするのかを分析・調査し，ユーザーがどのような体験をするのかについて目標を立てる。その目標を達成するために，アイデアを検討し，そのアイデアについてユーザーを活用した評価を繰り返す。企業においてUEデザインを実現するためには，そのためのプロセス，手法と関連するコアスキルを持つチームが必要である。

ユーザーの総合的な体験は，いくつかの「できごと」とその「できごと」に関連する「人間」と「人間をとりまく人工物」によって成り立つ。「できごと」「人間をとりまく人工物」「人間」という視点は，それぞれ「時間軸」「環境軸」「人間軸」と言い換えることができ，その3つの視点でユーザー体験を検討することができる。

UEデザインは，人間中心の手法であるUCDを基礎に，より総合的なユーザー体験を考慮して拡張したアプローチで取り組むことができる。そして，より総合的なユーザー体験を考慮するために，前述の3つの視点を活用することである。

7.2.2　ユーザーセンタードデザイン

UCDは，人間中心のデザインのための手法として確立し，すでに多くの事例がある。UEデザインの核となるプロセスや手法として，UCDがプラットフォームとなる。UCDに不足している「ユニバーサルデザイン」「ブランドデザイン」「スマイルデザイン」の概念に対してUCDを拡張することにより，UEデザインに近づいていく。

また，UCDでは以下のような6つの重要な法則があるが

1. 事業目標の設定
2. ユーザーの理解
3. 異なる分野の専門家によるチーム
4. ユーザーが体験するすべての体験をデザインの対象とする
5. ユーザーによる評価
6. 継続的なユーザー観察

この中の「ユーザーが体験するすべての体験をデザインの対象とする」という項目は総合的なユーザーエクスペリエンスを考慮することである。

7.2.3　ユニバーサルデザイン

　誰にとっても良いデザインを目指すことがユニバーサルデザインの定義である。そして，その概念には利用者を年齢，性別，人種，文化，障害などさまざまな理由によって差別しないという意味が含まれている。ユニバーサルデザインでは，多くの障害を取り除くだけでなく，心理的なバリアフリー化，その製品の魅力や商品性，価格なども含み，特定の対象ユーザーだけでなく，誰にとっても良いデザインを目指す。

　ユニバーサルデザインの概念はUCDの「ユーザーの総合的な体験を考慮する」部分と関連している。UCDの対象ユーザーを多くすることで，ユニバーサルデザインの目標に近づいていく。

7.2.4　ブランドデザイン

　企業にとってブランドは経営の重要な要素の1つになっている。ブランドとは顧客の気持ちの中に，ある企業が他の企業と異なる特性を持っていることである。そのブランドの特性や個性のことをブランドアイデンティティと呼ぶ。成功したブランドアイデンティティを確立している企業は市場で好まれ，その商品やサービスに価値をもたらし，価格にも付加価値が生まれる。

　実際の商品・サービスなどにブランドアイデンティティを構築することをブランドデザインと呼び，現在多くの企業で導入されている。的確なブランドデザインによって，わかりやすいブランドアイデンティティを顧客の気持ちの中に構築する。ブランドアイデンティティとブランドデザインによる結果が一致していなければならない。ブランドデザインへのアプローチは，人間の気持ちと密接に関連して，UEデザインの人間軸でユーザーの総合的な体験を考慮する部分と関連している。

　ブランドデザインはUEデザインの1つの重要な要素と位置づけられ，デザインプロセスの各段階でブランドデザインを考慮する。これまでは，マーケティング調査とユーザビリティ調査が別個に扱われてきたこともあるが，UEデザ

インでブランドデザインを考慮するという観点より，ユーザー調査やユーザー評価の中にもブランドデザインを考慮する．

7.2.5 スマイルデザイン

UCDとスマイルデザインはともにユーザーの満足を目指している点では酷似している．しかしUCDは主に「使いやすさ」に比重がある論理的なデザイン手法であるのに対し，スマイルデザインは主に「ここちよさ」に比重がある感性的なデザイン手法である．

UCDとスマイルデザインは相反するものではなく，UCDの手法を基にスマイルデザインの概念を考慮することが重要である．スマイルデザインの概念はワトソン・ジュニア会長の「Serve People」の考え方にも近く，今後ますます重要となる．

7.3　日本IBMのUEデザインセンターのマネージメント

7.3.1　UEデザインマネージメント

2002年，日本IBMでは，従来のデザイン部門，人間工学部門やUCD担当者などを集めて，UEデザインセンターを設立した．このデザインセンターの目的は「お客様が使いやすく，魅力的で，ブランドを感じる総合的な体験をする環境をデザインするために，組織，役割，施設を統合してシナジーを上げた，UEデザインのスキル集団となること」である．デザインアプローチは「UEデザイン」達成のために，「UCD」を基に「ユニバーサルデザイン」「ブランドデザイン」「スマイルデザイン」の概念を組み合わせる．

これまでのデザイン部門と大きく異なる部分は，実際のデザインの前にプロセスから考える，UCDのプロセスの実施，ユーザーや競合製品やサービスを十分に知ること，デザインとユーザー評価を頻繁に繰り返す，総合的なUEデザインを提供することなどである．

このデザインセンターは世界のIBMの中でも唯一，ハードウェア製品，ソフトウェア製品，印刷物やWebだけでなく，ユーザー調査から最終的な詳細デザ

インや出荷後のサポートまでカバーする組織である。

　日本IBMのデザイン部門や人間工学部門を振り返ると，ハードウェア製品の外観デザインや人間工学からスタートし，よりブランドや総合的な使いやすさを考慮して，デザイン対象を印刷物，ソフトウェア製品やWebなどを含んだデザインやユーザビリティへと広げ，さらにユーザー体験を考慮した総合的なデザインへと移ってきた。

7.3.2　UEデザインセンターの役割

　UEデザインセンターの主な役割として「デザイン管理」「UEデザインコンサルティングとUEデザインサービス」「UEデザイン研究」がある。

(1) デザイン管理

　海外IBMのデザインやUCDに関連する組織とのインタフェースとなり日本IBMのデザイン管理をする。また，日本での顧客の要求を海外のデザインやUCDに関連する組織の活動に反映させる役割もある。デザイン管理の例としては，海外部門との連絡，関連するガイドラインの整備，デザイン審査，デザインやUCDに関する情報の配布などがある。

(2) UEデザインコンサルティングとUEデザインサービス

　ユーザーにとって使いやすく，魅力的で，ブランド力のある製品やサービスのデザインを，人間中心のUCDのプロセスに基づき，UEデザインコンサルティングとUEデザインサービスとして社内の各部門や顧客へ提供することである。図7.1に示すように，UEデザインの上流工程がUEデザインコンサルティングであり，中流から下流工程がUEデザインサービスである。

　UEデザインコンサルティングとは，実際のデザインをする前にユーザーという視点より問題点を把握し，概念設計を行うことである。UEデザインコンサルティングには，UEアナリシス（現状調査・分析，競合他社評価・分析，ユーザー・モデル分析，改善提案書制作など），UEターゲットデザイン（デザインコンセプト構築，ユーザー要求事項提案，プロトタイプ制作，デザイン仕様書制作など）が含まれる。

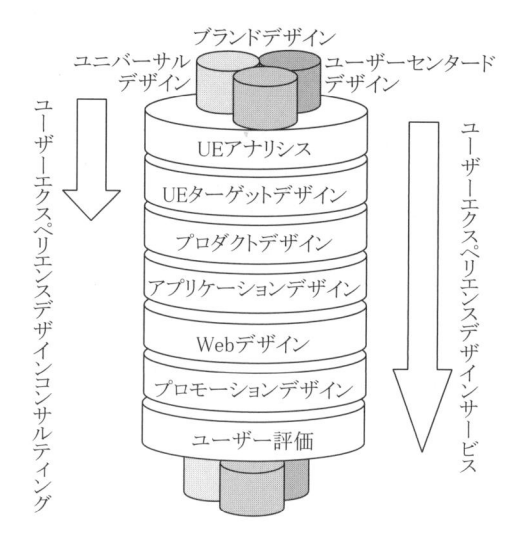

図 7.1 UE デザインコンサルティングとサービス

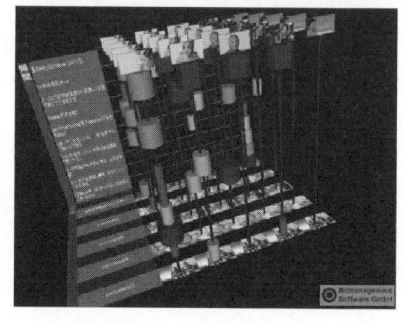

図 7.2 UE ツールの画面例

UEデザインサービスとは，具体的なデザイン制作活動であり，プロダクトデザイン，業務アプリケーションデザイン，Webデザイン，プロモーションデザイン，ユーザー評価などが含まれる．

(3) UEデザイン研究

将来のユーザーの体験や環境を想定したユーザー調査やデザイン研究のことで，IBM基礎研究所や社外とのコラボレーションを進める．これまでのアドバンスデザインとしてはプロトタイプ制作が中心であったが，よりユーザー研究に重きを置き，ここちよいユーザー体験をするためにはどのような手法やアプローチがよいかを研究する．

UEデザイン研究の例としては，UEデザインを効果的に進めるためのツールの研究がある．このツールはデザイナーが製品を開発する際に，どのようなユーザーがどのようなライフサイクルで使うのかといったユーザーエクスペリエンスの共通認識を持つためのツールである．図7.2にツールの画面例を示す．

7.3.3 組織とチーム

UEデザインセンターの組織の特徴として，マトリックス型の組織とUEデザインチームによるデザイン活動がある．

マトリックス型の組織とは，人事面ではスタジオ制度，業務の面ではプロジェクト制度という2つの組織を併用していることである．日常的な業務はスタジオ制度を活用し，複数のスタジオにまたがるようなプロジェクトを推進する場合は横断的なプロジェクト制度を活用している．

UEデザインチームとは，UEデザインのリーダーとユーザー研究，ユーザー評価，UEデザイン，マーケットプランニング，Webデザイン，工業デザイン，グラフィックデザインなどの専門家をコアにしたチームである．初期段階より，UEデザインのリーダーがプロジェクトの質や規模により適切なチームを編成する．コアメンバーにはすべての分野に対して専門家が必要なわけではない．たとえば，小規模なプロジェクトの場合は，ユーザー研究とユーザー評価を1人で担当する場合や，工業デザインとUEデザインを1人で担当する場合もある．また，とくに工業デザインが重要なプロジェクトの場合は，複数の工業デザインの専門家が参加する場合もある．

これらの多くのメンバーが情報を共有するための現実空間の環境と仮想空間の環境はメンバーへ大きな影響を与える。このチームの目的を達成するための環境として，フラットな付き合いでアンビエントに情報を共有して参加できる環境，スマイルな環境，活動中の内省（reflection-in-action）を支える環境を作りつつある。たとえば，オフィスに入る前の動線上で他の人のプレゼンテー

図 **7.3**　UEデザインセンターのオフィス

図 **7.4**　UEデザインセンターのUEラボ

ションやプロトタイプを見たり，自由に意見を言えるオフィスレイアウトや共有データベース，スマイルデザインを促進するデスクやスマイル Web，その日のうちにペーパープロトタイプを作ってすぐに評価できる設備やしくみなどがある．図7.3にオフィス，図7.4にUEラボの写真を示す．

7.3.4　UEデザインのプロセス

UEデザインのためのデザインプロセスはUCDのプロセスを基に拡張したものである．以下にプロセスのステップを解説する．

(1) デザインプロセスを検討する

UEデザインはこれまでと異なるデザインプロセスを検討する必要がある．UCDのプロセスを基に，対象とするユーザーや対象とする商品・サービスを考慮して，そのプロジェクトに適切なデザインプロセスとUEデザインチームを検討する．

(2) 市場の定義とビジネス目標を理解する

ビジネス目標とは誰がどのような経験を求めて使用するのかを理解する．

(3) 対象ユーザーと，競合商品やサービスのUEを理解する

対象ユーザーグループを明確にし，ユーザータスク分析をする．対象ユーザーグループに対して，時間軸および環境軸を考慮して総合的なシナリオを制作する．

(4) UEを考慮したコンセプトデザイン

シナリオを考慮したコンセプトデザインを制作し，デザインウォークスルーなどにより評価する．

(5) UEを考慮した設計の洗練

「商品は魅力を備えているか」を確認し，洗練させていく．

(6) 評価と妥当性の検証

「ユーザーの期待に応えているか」について総合的なユーザー評価を実施し，課題を解決する。

(7) 市場での評価

市場でのユーザーによる体験を評価し，今後の開発に活用する。

7.3.5　専門スキル

コアメンバーに必要な専門家のスキル，役割および成果物について解説する。

(1) UEデザインのリーダー

ユーザーの満足度の獲得に関して全面的な責任を持つ。プロジェクトマネージメント，ユーザー研究，デザインやユーザーによる評価についての幅広い知識を持ち，実際のプロジェクトのデザインをリードできるスキルが要求される。小規模のプロジェクトの場合は，リーダーは他の専門家と兼任する場合も多い。活動の成果物としては，UCDの企画書，UCDプラン，UCDプラン進捗管理書やUCDプロジェクトの評価結果書などがある。

(2) マーケットプランニングの専門家

ビジネスチャンスに関する情報をまとめる責任者。ターゲットとする市場，対象ユーザー，競合商品，使いやすさの目標，販売チャネル，物流，売買条件に関する要件を明示する。活動の成果物としては，マーケット要求書，マーケット企画書，競合商品の評価書などがある。現在，UEデザインセンターではこの専門家がいないために，マーケティング部門の専門家に参加してもらっている。

(3) ユーザー研究の専門家

ユーザーに関する情報をまとめる責任者。たとえば，対象ユーザー，タスクの成功基準，ユーザー要件などを収集し，まとめる。活動の成果物としては，

ユーザー要件書，ユーザータスク分析結果書，ユーザーに関する調査報告書などがある。

(4) UEデザインの専門家

ユーザーインタフェースのモデル，構成，流れなどのコンセプトデザインや情報デザインの責任者。マーケット研究，ユーザー研究に基づいた成果を概念設計に組み入れる。デザインの方向性の決定，ユースケースの制作，簡易プロトタイプ制作の責任を持つ。活動の成果物としては，デザインストラテジー，コンセプトデザイン仕様書，情報デザイン仕様書，簡易プロトタイプなどがある。

(5) ビジュアルデザインや工業デザインの専門家

ビジュアルデザインストラテジー，全体的な外装，形状要素，レイアウト，スタイルなどのアピアランスデザインの責任者。UCD活動の成果を商品デザインに反映する責任を持つ。活動の成果物としては，ビジュアルデザインストラテジー，デザインガイドライン，簡易プロトタイプ，詳細プロトタイプ，詳細デザイン仕様書などがある。

(6) ユーザー評価の専門家

設計を継続的に評価する。ユーザーによる評価の企画，評価の実施，評価のまとめの責任者である。ユーザー評価の専門家は設定されたユーザー目標と基準に対する設計の達成度を継続的に評価し，フィードバックする。活動の成果物としては，ユーザー評価の企画書，ユーザー評価の結果報告書，ユーザー評価を基にした改善提案書などがある。

7.3.6 専門スキルの育成

(1) 専門スキルの分類

スキルの分野としては，UEのリーダー，ユーザー研究，ユーザー評価，UEデザイン，Webデザイン，工業デザイン，グラフィックデザインなどの専門分野に分類している。UEデザインセンターでは複数のスキルを持つことを推奨している。

(2) 専門スキルのステップと認定

専門職のレベルは，他の分野の専門職と同様に以下のようなステップとし，スキルを認定する委員会によって，スキルが認定される。

- 役員レベル：社内外から世界のトップレベルの専門家と認められている人。全世界の社員の中で数十名程度である。
- 理事レベル：社内外から世界的にも優れた専門家として認められている人。社外の専門家から認知されている必要がある。全世界の社員の中で数百名。
- 部長レベル：社内から世界的にも優れた専門家として認められている人。社内の専門家から認知されている必要がある。
- 課長レベル：社内から日本で優れた専門家として認められている人。経験10年から15年以上の専門家が多い。
- 係長レベル：社内の事業部から優れた専門家として認められている人。経験5年から10年以上の専門家が多い。

(3) スキルの育成と教育

スキル育成のためには，まず現在の自分のスキルレベルを把握して育成プランを作成する。育成プランには，目標とするスキルとその目標にどのような手段を活用して到達するかというプランを記入する。到達するための方法としては，業務の中でOJTを活用する，特別なプロジェクトへの参画，社内教育の活用，UEデザインセンターでの教育，社外教育の活用，学会や外部機関の活用，海外への長期出張などがある。1年に1度は育成プランの進捗状況を所属長と確認する。

特別なプロジェクトの代表的な例としてスマイルプロジェクトを5年以上継続的に続けている。新しいデザインへのアプローチを，調査，ディスカッション，プロトタイプ制作や評価を通して学んでいく。このプロジェクトは，希望者は誰でも参加できる。図7.5にスマイルプロジェクトの例を示す。

UEデザインセンターでの教育には実務的な教育，基礎的な教育，外部講師による教育などがあり，年間30回以上開催している。希望者は誰でも参加できる。

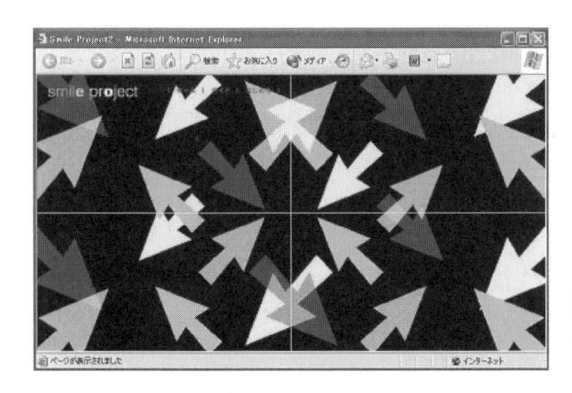

図 7.5
スマイルプロジェクトの例

7.3.7　社員の評価

（1）評価の目的

　年初に各個人の目標を所属長と一緒に設定することにより，明快な目標を持って1年を過ごすことができる。また，その目標の達成度を評価チェックリストなどで確認することもできる。とくに，UEデザインセンターでは各個人のスキル向上を具体的な目標とすることにより，効果的なスキルの向上が期待される。

（2）評価プロセス

　年初に会社の目標を部門の目標に落とし込む。次に部門の目標を参照しながら，所属長と各社員が年間の目標を設定して，各個人の目標に落とし込む。目標を落とし込む場合は，その達成度をどのように判断するかを決めておく。さらに年に数回，目標に対する進捗状況や，目標変更の必要性などを所属長と各社員が打ち合わせる。また各個人は適時，自己評価チェックリストなどにより進捗を管理する。年末に，目標に対する達成度を所属長と各社員で確認し，最終評価を決定する。

（3）目標内容

　目標には，ビジネス目標，パーソナル目標，チーム目標が含まれる。ビジネス目標とは，たとえば顧客満足度向上，担当事業部の売上向上，デザイン賞受

賞，UEデザインセンターの採算性維持などである。パーソナル目標とは，たとえば専門分野のスキルの向上，英語（社外テストの点数の向上），論文発表，特許提出。チーム目標とはチームワークの向上，チームワークを高めるための活動などである。クリエイティビティの評価は，結果としてのデザイン賞受賞，特許取得，論文発表，担当商品やサービスの成功などによって評価する。

7.3.8　まとめ：これまでのデザイン組織との違い

最後に，これまでのデザイン部門とUEデザインセンターとの主な違いについてまとめる。

1. 技術やデザイナー中心から，人間中心のデザインへ
2. 1人1人のデザインプロセスから，共通のデザインプロセスへ
3. 1人のデザイナーによる担当から，専門家のチームによるデザインへ
4. ものをデザインすることから，ユーザーの経験のためのデザインへ
5. 将来の商品デザインの研究から，ユーザー研究と将来のデザイン手法の研究へ
6. 階層型の組織から，マトリックス型の組織へ
7. 固定したフォーメーションから，プロジェクトごとのフレキシブルなチームへ
8. 秘密主義型から，すべてをオープンにする環境へ
9. 1人1人の机から，オープンでコラボレーションできる環境へ

【参考文献】

[1] http://www.ibm.com/jp/design/, 日本IBMユーザーエクスペリエンス・デザインセンター, 2000.
[2] K. Vredenburg, S. Isensee and C. Righi：User-Centered Design, PH PTR, 2001.
[3] 山崎和彦：ネットワーク・コンピューティング時代における情報機器のデザイン手法, 神戸芸術工科大学大学院芸術工学研究科芸術工学専攻博士論文, 2002.
[4] http://www.ibm.com/easy/, IBM Ease of Use, 2003.
[5] 廣瀬貞夫, 富田健, 江頭清房, 青柳茂, 大川裕：IPD革命, 工業調査会, 2003.
[6] 日本人間工学会：ユニバーサルデザイン実践ガイドライン, 共立出版, 2003.
[7] 山崎和彦, 吉武良治, 松田久美子：使いやすさのためのデザイン——ユーザーセンタード・デザイン, 丸善, 2004
[8] 山崎和彦, メタデザインにむけて——ユーザー・エクスペリエンス・デザインセンターの実験, Design News 268, 日本デザイン振興会, 2004.

コラム　ネット社会におけるデザインマネージメント

　デザインの対象が大量生産・大量消費の物理的なモノから，情報・サービスといった無形のシステムに変化している今日，デザインマネージメントの形態も当然のことながら変えていくべきである。ところがまだ雇用の仕組みや組織形態が旧態依然としているのが実態ではないだろうか。

　終身雇用や年功序列が崩れ実力主義時代になっても，企業の組織には管理のための部長や課長がいて，従来のヒエラルキーは依然としてそのままというところも多い。知恵を振り絞って小手先の人事評価制度を導入しても，ほとんどの企業では挫折している。人は誰も，やらされ仕事で他人を評価したり，されたりはしたくないのである。

　では，どうすればよいか？

　ネット社会に適合した参加型雇用形態を提案したい。たとえて言うと「携帯電話モード」のコラボレーション体制である。携帯電話は「つかず離れずの結合で，必要なときだけどこからでも接続できる便利さ」が受けて急激に普及した。雇用も同じ，必要なときだけプロジェクトを結成するという柔軟なコラボレーション体制を採ればよい。課題解決のための人材（知識）が欲しければ，その専門性に応じてネットから探索，編成できる仕組みである。一種の人材バンク的考え方といえる。世界中から人材を確保することも不可能ではない。過去の実績自体がインデックスになり，雇用される側にとっては厳しい評価にさらされるものの，ある意味では実力次第で活躍の場がどんどん広げられるとも言える。もちろん企業側にとっても身軽な経営システムとなるはずである。昨今のように複雑で多岐にわたる専門的な知識と経験が要求される課題が多い時代に，組織内に固定的な人材を抱える余裕など企業にはないのである。

　しかし一方では，人材の空洞化は避けなければならない。核となるキーマン（目利き）はしっかりと育成，確保しておくことも必要である。企業理念（CI）やブランドアイデンティティ（BI）などのマネージメントコントロールのためにも，企業にとっての「知のデザインマネージメント」は今後もますます重要になってくるであろう。

〔竹末俊昭〕

8 機能分社とデザインマネージメント

松村 章

8.1 デザインの機能

(1) デザイン部門の変遷

　積水樹脂のデザイン部門は，2000年10月に構造改革の一環として分社したデザイン機能会社である。

　室員はすべて機能会社に出向し，現在は固定・流動人員含め約18名体制で対応。積水樹脂本体のデザイン室には著者1人が残り，機能会社の代表を兼任している状況である。

　積水樹脂は創立以来「プラスチックと金属・繊維その他の物質とを結びつけて，新しい価値を創造する」という経営理念のもとに，独自の技術力によって特色ある製品の事業化を図ってきた。

　事業は主に官需の「道路・都市環境」部門と民需の「住建生活・産業」部門の2つに分かれ，扱う製品は防音壁，トンネル内装板，桁美装材，道路標識，案内サイン，路面標示材，カラー舗装材，交通安全資材，太陽電池製品，防護柵，

図 8.1 防音壁（透明板タイプ）　　**図 8.2** 道路標識

図 8.3　橋梁用高欄・照明灯

図 8.4　装飾建材・店舗什器

図 8.5　梱包資材

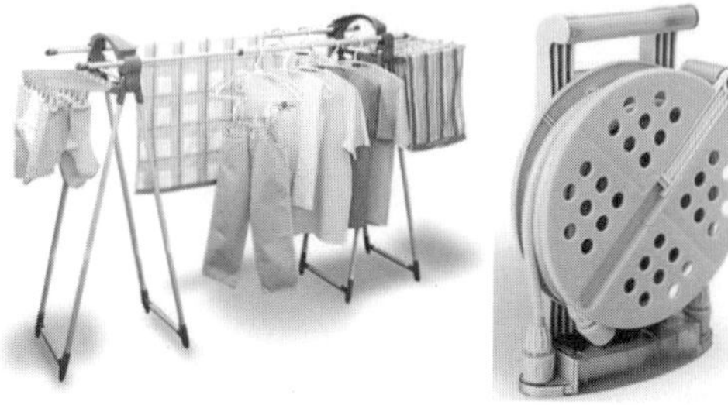

図 8.6　物干用品・園芸用品（ホースリール）

高欄，公園資材，景観資材，街路照明灯，バスシェルター，人工芝，フェンス，住宅部材，手摺関連製品，装飾建材，店舗什器，物干用品，園芸用品，家庭用はかり，温湿度計，計測器，農業資材，施設園芸資材，梱包資機材など，数多くの製品を製造するメーカーである。

著者が入社した当初，デザイン部門は専務直轄の意匠室が全社の製品デザインを行っていたが，あまりの製品の多さと効率を考え，1980年頃からデザイナーは各事業部の商品開発室に吸収されていった。

1985年当時建設省の市街地整備における「うるおいのあるまちづくり」研究会などの動きもあり，事業を拡大するために道路資材関連の開発室からデザインチームが独立し，SAS（スペース・アンド・ストラクチャー）という都市デザインのプロジェクトが発足した。そして1年後，滋賀県（開発部門）から大阪本社（SAS事業推進部）に移り，またその1年後，大阪ビジネスパークに移動し，建設資材事業本部建設デザイン室が設立された。

1996年には事業部門から本社研究開発部門に移り，全社のデザイン機能組織

を目指し，テクノロジーセンター デザイン室と改名することになった。

著者がデザイン室長を命ぜられたのが1999年12月で，その7カ月後にトップから分社指示があり，そのわずか3カ月後の2000年10月に分社を実行し，現在に至ることになる。

(2) デザイン機能会社の役割

構造改革の一環としてデザイン機能会社が設立されたが，その目的は質とスピードの向上であり，また積水樹脂グループ全体のデザインセンターとして機能することである。

そのためには準備段階として自社（企業）におけるデザイン機能の明確化とデザイナー自身の位置づけを明らかにする必要があった。

分社決定後，一斉に現状のデザイン業務の見直しを行うため，過去1年間のすべての業務を分析し，費やした工数による定量効果と出来高の世間相場をさまざまなデータベースを基に比較し，適正価格を暫定で導き出した。

また，残す業務と捨てる業務の選択と，新たに加える業務の検討を行い，初めてデザイン事業計画というものを立案することになる。

それまで予算計画書は作成したことがあったが，売上計画や利益計画書は初めての体験である。

会社定款や親会社との業務委託契約書の作成と平行して事業計画（利益計画）を立案し，経営会議での審議，決裁事項となった。一部の役員からは，計画の甘さに対する指摘が若干あったようだが，急な分社話でもあり，修正計画は提出せずに済んだ。

分社前にインハウスデザイン部門として作成していた予算計画書は基本的には費用の積み上げであり，本社開発費であろうが事業部門の経費であろうが，会社としてデザイン部門はコストでしかない。

しかしデザイン部門をマネージメントするにおいて，デザインを業務として捉えるか，機能（技術）として捉えるかによって大きな違いがある。

デザインを単に業務として捉えると1人/月〇〇万円のコストでしかないが，機能や技術として捉えると出来高には価値が生じる。

そしてデザインをビジネスとして捉えると，売上と売上原価の差が価値で，価値が利益となり，利益計画は形式的には立案できることになる。しかし問題は

価値の評価である。合意形成された適正価格が実現でき，デザイン会社の利益が出て初めてビジネスになる。

昔，コンピューターネットワークを構築したとき，バッファ（buffer：緩衝器，緩衝記憶装置）をどれだけ持てるかがネットワーク管理の重要なファクターであった。個々のシステム管理は問題ないが，複雑なネットワーク管理ではバッファがあるとリスク回避の選択肢が増え，バッファ量に比例して，業務としては1ランク上の質と量とスピードにチャレンジすることができた。

日本人は工程管理において「ガンチャート」管理は好むが，「ネットワーク」管理は苦手だという話を聞いたことがある。また，ガンチャート管理は計画してスケジュールを立て終わると，プロジェクトも完了したような錯覚に陥り安堵して，そのプロジェクトが失敗に終わったケースもある。

インダストリアルエンジニアリングの中ではネットワーク工程表が使われるが，生産工程の中でのネットワーク工程表はボトルネックとなる工程を極力解消し，リードタイムを向上させる生産工程管理であった。

ここで言うネットワーク管理は，それぞれの工程毎に選択肢があり，そのときの状況に応じて最良の方向を選択し，判断し，実行するという，アメリカ軍が戦略管理に使っていたものである。

ネットワーク管理にはバッファが重要なファクターであり，日本軍が真珠湾攻撃で大敗した一因は情報量というバッファにおいてアメリカ軍に圧倒的に劣っていたためだという話を聞いたことがある。

バッファはもちろん金銭面や物量面にもあるが，ソフト（ナレッジ）面のバッファが重要で，とくにマネージメントには不可欠なファクターである。

(3) 機能の拡大

積水樹脂グループ全体のデザインセンターとして機能するためには，従来のプロダクトデザイン業務だけではなく，グループ全体が抱えているさまざまなデザイン業務を取り込んでいく必要があった。

本来，分社機能会社は親会社からの売上は相殺し，あまり利益を確保することができないのが宿命であるが，業容の拡大により従来は親会社やグループ会社が外部デザイン関連会社に発注していた業務を取り込むことにより，連結視点での外部流出費用の削減効果につなげることで売上および利益を計上するこ

とができた。

　しかし，構造改革の一環としての分社化であり，人員に関しても前年度比で2割減。東京に事務所があったバブル時期の4割減でスタートして，さらに業容を拡大するのは至難の業である。

　幸運にも我々はコンピューターを早い時期から導入しデザイン業務に活用していたので，インターネット関連業務やDTP（desktop publishing：コンピューターを用いて原稿の作成，レイアウト，版下作成など，出版のための一連の作業を行うこと）への拡大は比較的スムーズに実現することができた。

　また人員に関しても，契約社員やアルバイトの採用で社員不足を補うことができたのである。

　コンピューターを活用するということは，データベース化を推進することになり，その前段階として標準化を推進することになる。必然的に設計の標準化や作業の標準化が促進され，作業の自動化が実現できる。またデジタル化が促進され，ペーパーレス化が加速されることになる。

　もちろん，デザイン業務すべての機械化は不可能であるが，クリエイティブな業務と，雑務を含むそうでない業務に分けて，そうでない業務を極力標準化すると，標準化された業務は契約社員やアルバイトに任すことができる。

　結果として，バブル時期の6割の固定人員で業容を拡大し，約2倍の生産性を実現したのである。しかし量も重要だが，さらに重要なのはクリエイティブな業務に対するクオリティー向上のためのマネージメントである。

8.2　デザインマネージメント

（1）コンピューターネットワーク

　デザインワークの特色として先ほども述べたが，我々はこの規模の会社のデザイン部門としては比較的早い時期からコンピューターを導入し，デザイン業務やその他業務に活用してきた。

　それはデザイン部門としての機械化への対応であり，生産性を高める手段でもあったが，同じ仕事をするのであれば「かっこよく仕事をしたかった」というのが本音である。

　デザイン部門に最初にコンピューターを導入したのは1980年代の後半で，当

時建設資材系の仕事をしていた我々は，図面を引くことが多く，生産性（スピード）を考えドラフターをCADに順次置き換えた。しかし単独のCADでは機械化への対応はできたが，生産性を高める手段にはならず，むしろスピードが落ちた。そして結局，手描き作業が残り，ドラフターも捨てることができなかったので，今度は作業スペースが足りなくなったのである。

次にパースやレンダリングを作成するために3D-CAD（3 Dimension CAD）と静止画出力での完成度を上げるCG（Computer Graphics）を導入し，同時に高性能フルカラー入出力機と入出力用の大容量メモリーを購入し，現在の大阪ビジネスパークに移転してコンピューターネットワークを組んだのである。

生産性を高めるには，個々のデバイスを連結させる必要があった。

当初はワークステーション（EWS）ベースの3D-CADをサーバとクライアントにし，サーバを介在し2D-CADやCG，および入出力機をネットワークで連結させた最小システムで立ち上げたのである。

そしてネットワーク上での一連の作業とデータをサーバで一元管理することにより生産性が高まるという仮説を立てて，それを立証することになる。

しかし最小システムでも当時，稼動するにあたり約5000万円のリスクがあった。もちろん，経営会議審議事項であり，決裁を受けるには採算資料が必要である。

当時，手描きのパースやプランを作成するために年間1億円近い外注費用が発生していたので，見做しであればいくらでも採算資料を捏造することができた。しかし，見做しでは設備予算の稟議は通らない。設備予算に関しては採算性のベースとして生産性（設備能力）が問われるからである。

デザイナーにとってコンピューターはあくまで道具（画材）でしかなかったのだが，当時5000万円という金額は生産設備を連想させる，あまりにも高額な文房具であった。

結果として，3D-CADネットワークシステムの導入は試作費の削減や合意形成スピードの向上を実現し，とくに合意形成スピードの向上は開発スピードの向上や販売促進活動にも貢献した。

デザイナーが採算性を考えるのは重要なことである。また人事考課においても計数感覚は重要な加点ポイントになっている。

自分の金なら気兼ねなく使えるが，会社の金を5000万円も使うのだから気をつかう。逆に，会社の金だから気兼ねなく使う意識の輩には要注意。もちろん

第8章　機能分社とデザインマネージメント　　**165**

著者は前者だが，ここで言いたいことは採算性とは未来予測であり，仮説があり，仮説を実現するためのシナリオがあるということである。
　これはデザインプロセスにも類似するところがあり，デザインだけでなく，すべてのビジネスに共通することでもある。
　それはデザイン部門としてデザインを事業（ビジネス）として捉え，デザインをどのように考え，現状を把握し，「会社に対してどのように貢献していくのか」というデザイン事業計画である。
　事業計画が存在すれば何度もシミュレーションが行われた利益計画が存在し，リスクマネージメントも行われているはず。すなわちリスクマネージメントなしの事業計画は成り立たないと言える。リスクが利益に化ける攻めの採算資料が事業計画の利益計画シミュレーションである。
　積水樹脂では設備投資における採算性の単位は月あたりの人件費に換算することが多く，因みに当時5000万円の減価償却費は金利も含め最悪条件でのシミュレーションで，約1人分の人件費（労務費＋経費）であった。
　この数字がどういうものか著者には理解できず，結局，当時の担当役員からの指示もあり，疑問を持ちながらも見做しの採算資料で経営会議に臨むことになる。
　経営会議では採算性に関する質問は一切なく，デザイナーの著者には導入システムの内容に関する質問がすべてであった。すでに3D-CADネットワークシステム導入に関し，役員レベルでの合意形成があり，デザイン部門の今後に対するシナリオが存在したに違いない。
　現に会長（当時社長）は『デザインマインドカンパニー』（ダイヤモンド社，1990）を提唱し，幹部に対して本を配布し，意識改革を実行していた。この本は知識経営，デザインマネージメントのパイオニアである紺野登氏と『知識創造の経営』や『知力経営』の著者である野中郁次郎氏（一橋大学教授）が翻訳した書籍である。
　概要は「技術や価格における企業間格差がなくなった現在，その差別化を創造するものは，デザインを軸とした経営戦略にほかならない」というもので，21世紀に向けた企業の成長戦略はデザインマネージメントを機軸に，すべての経営資源を連動させることだと述べている。すでに15年前から積水樹脂のデザインマネージメントはトップによって実行されつつあったのである。

(2) 方針管理

　積水樹脂では定量的管理方法の1つに方針管理があり，主に事業部門の開発部署が採用している。

　デザイン部門も本社研究開発組織になった約10年前から始めるようになり，最初は既存の計画書のフォーマットを使用し，順次デザイン部門専用にカスタマイズする予定であったが，当初から不具合が生じた。

　方針管理は期初に以下の5項目を計画書に記入し，半期単位で実績との差異を評価する。

1. 前年度の活動状況として，重要実施項目・目標・実績を記入。
2. 現状分析として，前年度の実績分析を記入。
3. 事業方針として，今年度のデザイン部門方針を記入。
4. 重点戦略として，今年度のデザイン部門戦略を記入。
5. 重要実施項目計画として，今年度の重要実施項目・目標・スケジュールを記入。

　目標はできる限り定量化するのがポイントである。しかし事業部門とは違い売上を持たないアシスト（assist：助ける，手伝う，サッカーなどのゴールの得点アシスト）部門のデザイン室が定量的目標を掲げるのは難しい。たとえば事業部門の開発室は新製品開発の目標期間として，市場導入する時期を納期目標とし，その製品売上額を業績目標にしている。当時，売上を持たないデザイン部門の目標は定量化できない業務目標であり，デザインの責任業務範囲も曖昧で，そのため業務完了時期も曖昧であった。

　昔，製品初期管理システムを導入し，DR（デザインレビュー）を頻繁に実施していた時期があった。もちろんまだ分社前でプロダクトデザインが主な業務であったので，いまよりは責任業容範囲が明確であったが，責任業務範囲が不明確であった。各社いろいろな考え方があると思うが，積水樹脂の場合，たとえばプロダクトデザインであれば人間工学を考慮し造形に注力すれば責務はある程度果たせるが，インダストリアルデザイン（工業デザイン）と定義すると設備能力や生産性までデザイナーが考慮することになり，責任範囲が広がることになる。

製品初期管理システムは積水化学のシステムをカスタマイズしたものだが，プロダクトデザインであればDR 3（基本設計）もしくはDR 4（詳細設計）完了時をデザイン完了時と見做すことができるが，インダストリアルデザインとなるとDR 6（量産試作評価）までデザイナーが責任を持ちたいと考える。しかし，製品初期管理は上流での製品の不具合を徹底して潰し，市場導入後のクレームをなくすシステムなので，川上段階での後戻りがどうしても生じる。

　たとえばデザイン部門の責任範囲がDR 3（基本設計）であれば，DR 3で後戻りがあるとデザイナーの自責になるが，DR 4（詳細設計）で後戻りがあると他責になる。自責で後戻りがあるとデザイナーの納期目標は達成できない可能性が高くなるが，他責になると納期目標は達成したことになる。

　しかし，DR 6（量産試作評価）をデザイン部門の責任範囲にすると，他責のウェートが高いが結局はデザイナーの自責になり，デザイナーの納期目標は達成できないことになってしまう。デザイン部門としては最終製品化まで責任を持ちたい気持ちでいっぱいである。

　方針管理を導入した当初，納期目標を定量的に設定しても他責により目標が達成できないケースが増え，デザイナーたちの意欲が喪失したことがあった。自分たちがいくら頑張っても他責により目標が達成できないとなると悪循環で，すべてを他責にしてしまい，「頑張ってもムダだ」と考えはじめるようになる。そうなると方針管理を導入した意味がなく，またアシスト部門である現実を知らされた思いでもあった。

　方針管理の導入を勧めた技術研究部門の担当役員に相談したところ，役員は「他責ではなく自責で物事を考えなさい」，また「仕事のやり方を変えなさい」，そして「自分たちで責任の取れる目標を設定しなさい」とアドバイスしてくれた。

　そこで我々は役員の言うように自責で物事を考えて，まず自分たちの足元を見ることにした。足元とは自分たちの仕事の見直しだが，工数分析を行うと，なんと雑務を含む実務以外の中間工数が4割近くを占めていたことがわかり，全体の6割の工数でしか仕事をしていなかったことが判明した。そこで早速，開発支援工数と営業支援工数確保のため，中間工数削減を方針管理の重要実施項目の大項目としてテーマアップしたのである。目標としては初年度3割を切ること，2年目に2割，3年目には1割の中間工数とし，9割の実務工数を確保する計画を立てた。

目標達成のためには機械化，OA化の推進や情報の共有化，データベース化の推進などが挙げられた．自責の重要実施項目に定量化された目標が完成し，3年後には見事にその目標を達成することができたのである．

前に採算性の単位は月あたりの人件費と述べたが，6割の実務工数と9割の実務工数を人件費換算し比較すると，たとえば10名体制であれば約300万円/月程度の定量効果になる．

後は確保した工数で量と時間と質のバランスをどのようにマネージメントし，機能させていくかが課題になる．

デザイナーへの動機付けや達成感，また定量的管理のためにも，できる限り目標は定量化することが望ましい．

分社後の方針管理計画書は後で述べる開発革新運動と完全にリンクしているため，ある一定のルールをもって全社的にオーソライズされた形式で定量化されている．後はデザイナー個々の意識と裁量に期待するのだが，前に述べた製品初期管理システムはコンカレントエンジニアリングのあおりを受け，8年ほど前にISO 9001の第4章に吸収され，スピード重視でDRを省略したこともあり，以前と比べて新製品の開発リスクは大きくなっている．

(3) 目標による管理

人事考課においては全社的に部門を問わず「目標による管理」という管理方法を採用している．デザイン部門だからといって特別な評価基準はなく，著者自身デザイン系の大学を出て入社24年になるが特別な評価基準が欲しいと思ったことはとくにない．

特別待遇といえば，15年ほど前に全社初のフレックス勤務がデザイン部門に実験的に採用され，しばらくしてノーネクタイ勤務を飛び越えて，私服勤務が認められ，事務所にはFMラジオや音楽が流れるようになっていた．実はその音源は著者のマンションの粗大ゴミ置場から拝借してきたオーディオ機器を会社に無断で持ち込み，勝手に音楽を流していたのだが．

結局，いろいろと実験的に実行したが，他部門に水平展開されたのはフレックス勤務だけで，現在，開発や研究部門などのクリエイティブな部署に採用されている．もちろんデザイン部門は現在も私服のフレックス勤務が認められ，違

うのは粗大ゴミではなく，会社に認知された新しいオーディオ機器から音楽が流れていることである。

本題の「目標による管理」では「チャレンジシート」というものを使用し，半期毎に次の項目を記入する。

1. 業績アップとして今期の目標を具体的に記入。
2. 能力アップとして能力開発目標を記入。
3. 次年度へのチャレンジ課題を記入。

「チャレンジシート」はあくまでも本人申告で，半期で達成する目標を3つから5つ設定し，配分のウェートを記入する。目標はできる限り具体化することが定量化のポイントであり，上司との合意形成のポイントである。また先に述べた方針管理の重要実施項目や目標とリンクしている必要がある。

半期終了後に自己評価を行い，目標達成率を記入した後，上司との面談が開始される。抽象的な目標や目標になっていない記述に対しての目標達成率の評価は難しく，上司と部下との合意形成は至難の業となる。

「チャレンジシート」で議論し，合意形成を経て，「人事考課表」に記入するが，人事考課は人が人を評価する訳なのでたいへん難しく，考課によっては給与が変わり賞与においては大きく差がつき，同期入社でも年収が100万円以上違うこともある。そして人の人生を変えることもあるので要注意である。

定量表記できている目標に関しては，達成率がある程度明確であるが，定性的な目標や曖昧な目標の達成率に対する協議は互いのベクトルが合わず合意形成どころか議論にもならない。人事考課でもデザイナーは感覚的思考と感覚的評価を好む傾向があるが，同じデザイナー同士でも指標がないとベクトルが合い難いのは事実である。

分社後はデザイン部門の事業計画や売上，利益計画が存在するので，自分のポジションを理解しているデザイナーにとっては，目標設定と定量化は楽になっている。結果として「チャレンジシート」での議論と合意形成までの時間が短縮され，人事考課という中間工数が削減され，稼動工数が確保されることになる。

(4) 事業マインドと革新ゲーム

会長は「仕事をゲーム感覚で捉えて仕事は楽しむべきだ」という主義である。新製品の開発においても，開発行為をゲームとして捉えるために開発革新運動

（開発オリンピック）が十数年前から実施されている。

　ゲームなのでルールがあり，方針管理計画書をベースに現在は以下の5項目で得点を競い合っている。

1. 新製品開発プロセス（企画・開発・市場導入）得点
2. 新製品技術成果（特許・実用新案・意匠）得点
3. プレゼンテーション（Gマーク・プロジェクト・受注）得点
4. 新製品アシスト売上（新製品売上得点×0.5）得点
5. 新製品売上得点

　当初は事業部門の開発グループだけのゲームだったが，数年後に技術研究所が参戦し，デザイングループも分社後の2001年度から参戦している。

　技術研究所やデザインのようなアシスト部門と，売上のある事業部門の開発グループが同じ土俵で戦うのは，常識的には無理がある。分社して売上があるといっても，機能分社会社の売上は事業部門の売上とは桁が2つ違う。

　そのため過去，公平性を保つために何度も評価項目の見直しや得点の改正が行われている。

　項目4.の「新製品アシスト売上」は，アシスト部門が参戦できるように追加された得点項目である。

　たとえばデザイングループがデザインした新製品Aの売上が年間1億円であれば，事業部門の開発グループには売上得点として20ポイント，デザイングループにはアシスト得点として10ポイントが加点される。また新製品Bの売上が年間10億円であれば，開発グループには200ポイント，デザイングループには100ポイントが加点される。デザイングループが限られた工数でポイントを稼ぐには，単価の高い製品を選んでデザイン提案するか，デザインで付加価値をつけて単価を上げるか，または魅力ある製品に仕上げ単価は安いが量で売上（ポイント）を稼ぐかなどであるが，結果としては事業部門に勝つのは難しい。

　因みに新製品としてカウントできる製品の有効期限は3カ年である。

　また，項目3.の「プレゼンテーション得点」はデザイングループのための得点項目で，Gマーク受賞得点やプロジェクト対応得点，プロジェクト受注得点などがある。

　このように5つの得点項目で1年間競い，翌年度に集計し，入賞が決まると表彰されることになる。受賞資格は1人あたり1000ポイント以上を獲得した

グループが対象になり，10人のグループであれば10000ポイント以上が必要となる。

賞品は1位が世界一周旅行，2位がヨーロッパまたはアメリカ，3位がアジア，4位と5位が賞金である。

デザイングループは参戦3年目の2003年度に3度目の正直でなんとか5位に食い込み，賞金を獲得することができた。祝杯の宴で一夜にして福沢諭吉先生は消えてなくなり，名誉（賞状）だけが残ることになった。

分社に対して賛否両論はあるが，積水樹脂に関しては分社効果も見られ，うまくいっている方だと感じている。

おそらく，この開発革新ゲームに関しても，アシスト部門という意識では入賞は不可能であったに違いない。アシスト部門でありながら分社することにより事業マインドが芽生え，意識は事業部門としてデザイナーたちが積極的にゲームに参加し，それぞれが機能した結果と考えている。

また定量的評価が公正であればあるほどデザイナーは頑張る傾向にある。それはデザイン部門だけではなく，アシスト部門やスタッフ部門のような定量的評価のしにくい部門全般に言えることである。

最近，シャープが社内キャンペーンとして実行している「私の輝きカード」に興味を持っている。これは1人1人が自らの仕事を通じて，顧客や社会，また会社に対してどのような貢献をするのかを「輝きカード」に鉛筆で書き，それを自分の胸に付け，そして主張を持って行動する。鉛筆書きなので，仕事の内容が変わるとか，目標が変わると，消しゴムで消して何度でも書き直すことができる。それにより，会社での自分の位置づけや，自分の目標が徐々に見えてくる。

これは，シャープ・インターナルブランディングの一環としての活動であるが，我々も分社するにあたり同じようなことを組織として行っていた。

「自分たちの部門は何ができるのか！」これはデザインマネージメントを行うにおいて重要なことである。

これにより部門としての位置づけや，部門のやるべきことと，その目標が徐々に明確になってくる。また目標が明確になればなるほど，定性ではなく定量化が促進され，数値目標が見えてくる。現在は機能分社会社として，期初には株主（積水樹脂）に対して事業計画や利益計画を立て，審議を受けるので，明確

な数値目標が我々には見えている。

　デザイナーが各自，会社での自分の位置づけや，自分の目標が見えていると，そのデザイン部門はその会社に対し，テクノロジスト（ナレッジワーカー）の集合体として有効に機能するであろう。

（5）屋外性能確認施設

　積水樹脂は「人と車と道との調和」を目指した製品開発を行うために，「道夢道」という性能確認試験走路を滋賀県に所有している。

　「道夢道」は道路資材や交通安全資材，景観資材などの性能や品質を実際の使用条件のもとで実験する試験走路と研究施設である。

　そして，製品の信頼性と技術力の向上や，製品デザイン・開発のスピードアップを図ることを目的につくられた。実際に使用される道路条件において，視認性や施工性，景観性，耐久性などのさまざまな検証や評価が可能で，また1/1の屋外ショールームとしても活用し，合意形成スピードの向上に貢献している。

　2004年11月，積水樹脂は創立50周年を迎えた。記念行事として9月3日に新製品発表会を「道夢道」で開催したが，イベントの企画・運営をデザイン会社として我々が請け負った。

　業容の拡大の一環として分社後，すでに3度目の新製品発表会のイベント企画・運営の請負になる。その他の50周年記念行事などの請負実績も含め，デザイン部門の価値が定性的，定量的価値ともに認められる結果となった。

図8.7　屋外性能確認施設「道夢道」（新製品発表会当日）

9 ユニバーサルデザインの推進活動

貝﨑　勝

9.1　オムロンのデザイン機能

　オムロンではデザインを経営と事業に貢献する機能として捉えている。それはデザインの機能をソーシャルマーケティング機能の一環と位置づけ、社会や市場環境の変化から将来必要となる事業や商品を予測し、製品やサービスを具現化することにより貢献することである。
　とくに重要なテーマとしてユニバーサルデザイン（以下UD）を経営と事業に貢献するデザイン戦略のテーマとして推進している。そこには以下の2つの意義がある。

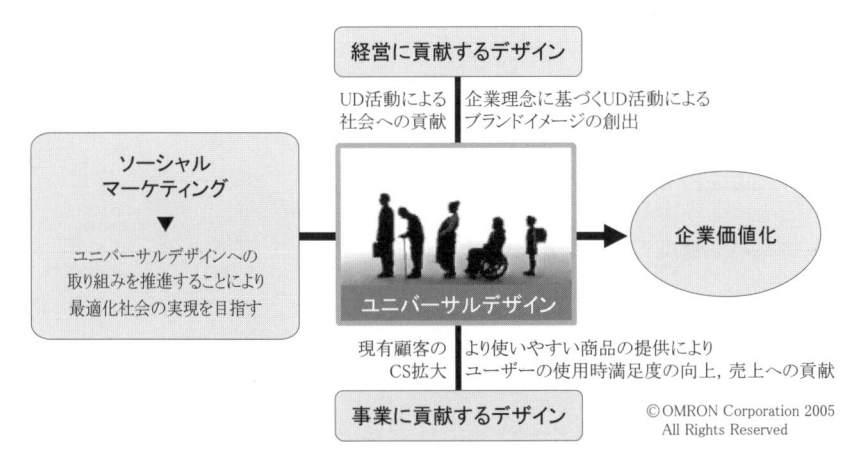

図 9.1　ユニバーサルデザインによる企業価値最大化

1. より使いやすい商品の提供によりユーザーの使用時における満足度を向上させ，売上に貢献すること．
2. 企業理念に基づくUD活動により社会へ貢献し，ブランドイメージを創出すること．

つまり，UDは，顧客価値の最大化，ブランド価値の最大化，最終的には企業価値の最大化につながる考え方であると捉えている（図9.1）．

オムロンには，1999年にカンパニー制を推進する組織へ変更して以降，全社を統括するデザイン部門なるものは存在しない．以前，本社のデザイン部門に所属していたデザイン系出身者の多くは，現在，事業のデザイン担当としてだけでなく，広報宣伝やマーケティング，商品企画，事業企画，経営戦略など，より幅の広い業務に就いている．またスタイリングなどのデザイン業務は，社外の協力会社を活用し，少人数で効率的かつ柔軟にディレクションを行っていることもオムロンのデザイン機能の特徴である．このように，より幅の広い業務をデザイン系出身者が担当するということは，より上位での企画力や発想力，プロジェクトマネージメント力，折衝力などのスキルが求められることにもなり，これはデザイン機能の進化した姿だとも言える．

このような視点からも，UDというテーマは，デザインマネージメントとしてだけではなく，デザインを企業全体としてどう活かすかという，より全社的な視点での企業活動と位置づけている．

以下にオムロンにおけるUDの推進活動について紹介する．

9.2 ユニバーサルデザインの概要

(1) ユニバーサルデザインとは

最近UDという言葉を見聞きすることが多くなった．日本では社会の高齢化を背景にいろいろなメディアで取り上げられ，多くの企業でUDにかかわるさまざまな取り組みが始まっている．

UDとは，1990年代に入って米国ノースカロライナ州立大学ユニバーサルデザインセンターのロナルド・メイス所長が提唱した概念で，「年齢や能力にかかわりなく，すべての生活者に対して適合するデザイン」を指す．あらゆる体格，

能力，年齢，また障害の有無にかかわらず，誰もが利用できる製品や環境の創造を目指すことが，UDの思想である。つまりUDとは，これまでのように一般の健康な大人を基準に考えるのではなく，できるだけ多くの人々が，障害の有無や世代の差を超えて利用できる製品・サービスや生活環境の創造を目指す考え方なのである。

(2) ユニバーサルデザインが求められる背景

　UDへ取り組む背景としては急速な社会の高齢化があげられる。厚生労働省の推計によれば日本では2015年には国民の25％が65歳以上になるという「高齢社会」が目前であり，欧州でも2010年には50歳以上の人口が50％を超えるという予測もある。とくに日本の高齢化のスピードは非常に速く，他の先進国に比べて急速な高齢化が進んでいる（図9.2）。このような高齢社会においては，加齢による身体機能低下などから社会全体で身体機能が低下した人口が増加するということを意味する。また障害を持つ人々の社会参加も今後一層進むと予想される。

　UDへの取り組みによって，より多くの人々が利用しやすい商品やサービスを提供することは，福祉機器などを提供することとは根本的に異なる。福祉機器は障害などの程度に合わせてカスタマイズすることが基本となるが，UDは区別しないことが特徴である。「特別なものを使わないですむ」という利用者の

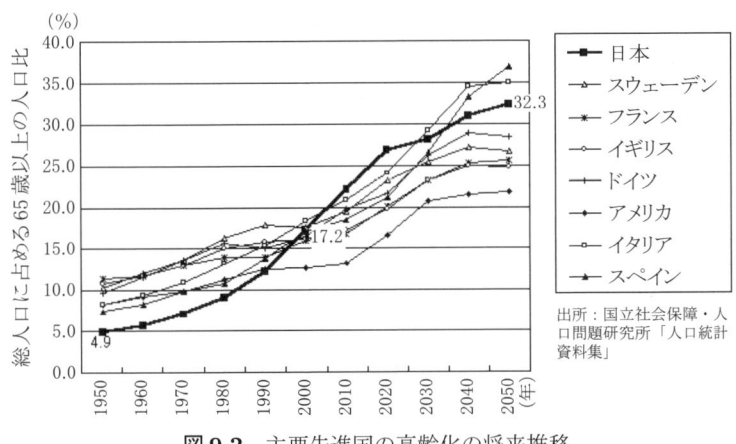

図9.2　主要先進国の高齢化の将来推移

出所：国立社会保障・人口問題研究所「人口統計資料集」

心理面や，商品供給におけるコスト効率の面からも，この「区別しない」といういうスタンスこそが，いまUDが注目されている理由にあげられる。このようなUDへの取り組みは，環境への取り組みと同様に，「企業の社会的責任」として捉えられてきており，企業活動には不可欠な活動となってきている。

9.3　オムロンにおけるユニバーサルデザイン

(1) オムロンの企業理念

　未来社会のニーズを先取りした経営をするために，オムロンの創業者である立石一真が開発し，1969年に発表したSINIC理論では，工業社会の最終段階である情報化社会の後には，2005年から「最適化社会」へ，その後2025年頃から「自律社会」へ移行すると予測している。最適化社会とは，これまでの工業社会での物質的な豊かさと効率追究を重視した価値観と，人の新しい生き方の追求を重視した価値観とが最適化に向けて葛藤する時代であり，人と機械の関係では，両者がより高次元で調和する社会であると言える（図9.3）。

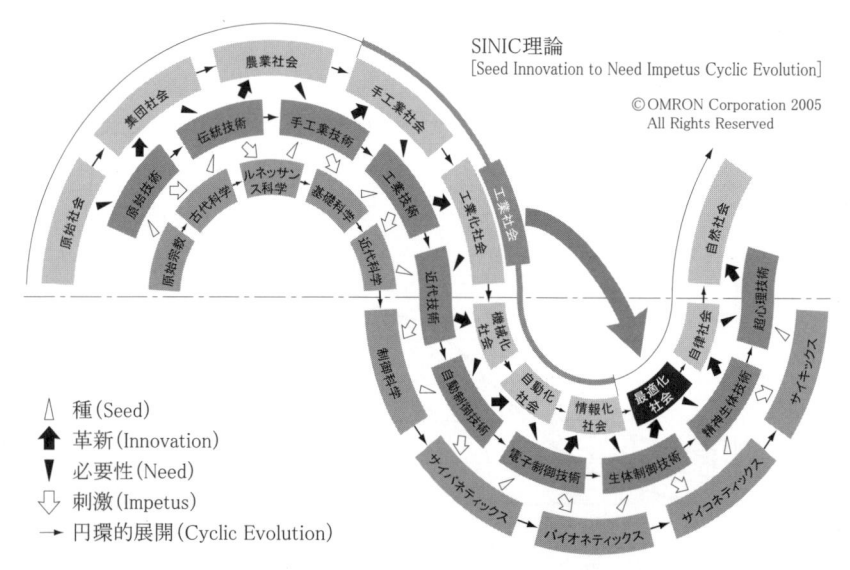

図9.3　SINIC理論で予測された最適化社会

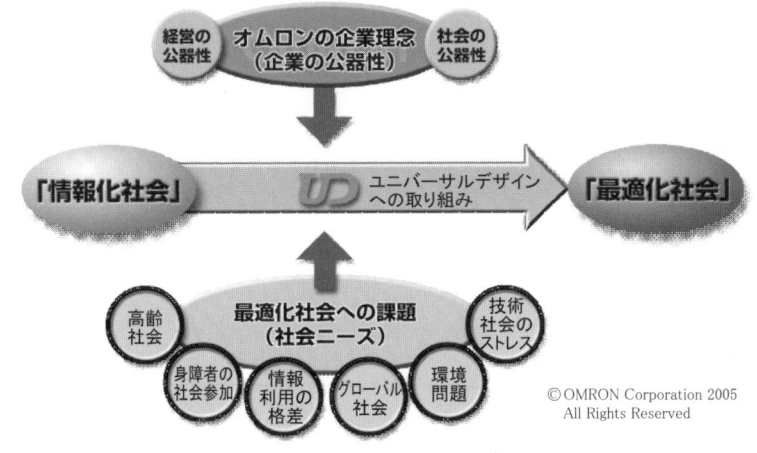

図 9.4　オムロンにおけるユニバーサルデザインの位置づけ

　オムロンでは企業理念である「企業の公器性」という視点から，最適化社会を実現するためのモノづくりの思想の1つとしてUDを捉えている。そして企業活動や事業活動，商品開発において実践していくことで，最適化社会の実現を目指している（図9.4）。

(2) ユニバーサルデザインの指標

　UDの本質はモノづくりの思想であり，企業としてどのように取り組むのかは，それぞれの企業に対応した考え方を策定する必要がある。オムロンでは，社憲や企業理念，企業哲学に則り，以下の4つのデザインポリシーを策定し活動している。

 1. 人間に正しい
    　人間にとって正しいデザインは，「最適化社会」において，人々が人間らしい生活を送るために欠かせないものである。
 2. 市場に正しい
    　企業から生み出される商品やサービスはつねに市場ニーズに合ったものでなければならない。

3. 社会に正しい

　　商品やサービスは消費者の手に渡った瞬間から社会的な存在となる。そのためつねに社会の論理をも視野に入れてデザインしなければならない。

4. 未来に正しい

　　来たるべき「最適化社会」へ向けて，人々が人間らしい生活を送ることを求める未来へ向けたデザインビジョンの構築が不可欠である。

さらに，それぞれのポリシーごとにオムロンとしてのUDの指標を策定している（図9.5）。

1. 人間に正しい
   - 普遍性：年齢や個人の特性に左右されず，万人最適を目指すこと
   - 適応性：利用者の個々の特性やニーズに合わせられること
   - 快適性：失敗しても救われ，安心して快適に使えること
   - 審美性：独創的で，人を引きつける魅力があること

2. 市場に正しい
   - 購入性：顧客が納得して購入できる適切な価格であること
   - 信頼性：顧客に疑いを抱かせず，自信を持って選べること
   - 継続性：顧客の知識や経験を尊重し，継続できること

3. 社会に正しい
   - 貢献性：環境に負荷をかけず，社会に貢献できること
   - 公平性：誰に対しても情報や使用機会が与えられていること
   - 安全性：設置環境に配慮し，安全で周囲に迷惑をかけないこと

4. 未来に正しい
   - 新規性：未来へのビジョンやメッセージを持っていること
   - 対応性：仕様の拡張など今後の社会変化に柔軟に対応できること
   - 標準性：次世代，グローバルに標準的に受け入れられること

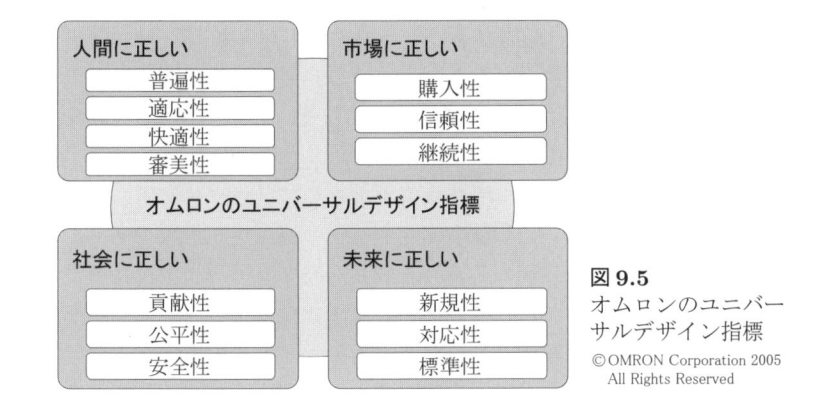

```
┌─────────────────┐  ┌─────────────────┐
│  人間に正しい   │  │  市場に正しい   │
│   ┌─────────┐   │  │   ┌─────────┐   │
│   │ 普遍性  │   │  │   │ 購入性  │   │
│   │ 適応性  │   │  │   │ 信頼性  │   │
│   │ 快適性  │   │  │   │ 継続性  │   │
│   │ 審美性  │   │  │   └─────────┘   │
│   └─────────┘   │  │                 │
└─────────────────┘  └─────────────────┘
       オムロンのユニバーサルデザイン指標
┌─────────────────┐  ┌─────────────────┐
│  社会に正しい   │  │  未来に正しい   │
│   ┌─────────┐   │  │   ┌─────────┐   │
│   │ 貢献性  │   │  │   │ 新規性  │   │
│   │ 公平性  │   │  │   │ 対応性  │   │
│   │ 安全性  │   │  │   │ 標準性  │   │
│   └─────────┘   │  │   └─────────┘   │
└─────────────────┘  └─────────────────┘
```

図 9.5 オムロンのユニバーサルデザイン指標
© OMRON Corporation 2005 All Rights Reserved

9.4 ユニバーサルデザインの取り組み事例

(1) 製品開発での取り組み事例

次にオムロンにおける具体的な取り組みを紹介しておく。

健康機器の分野では，商品を取り巻くライフサイクルごとにUDの思想を考慮し，カタログやパッケージ，取り扱い説明書や問い合わせへの対応などにおいてもUDを推進している（図9.6）。

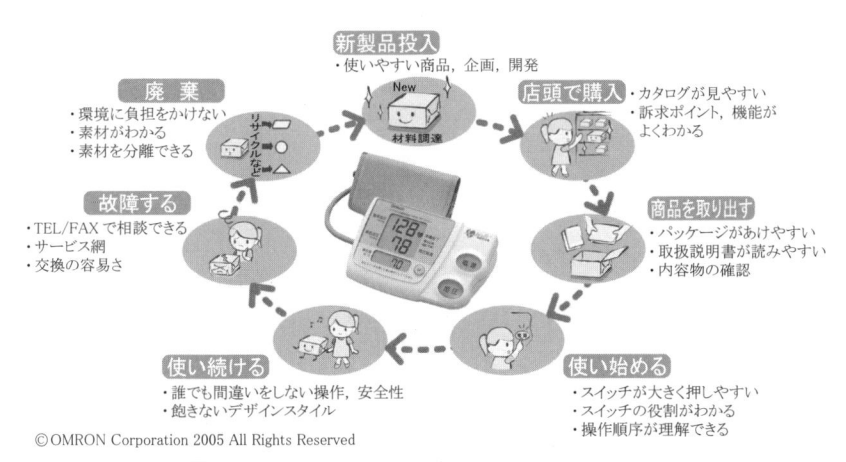

新製品投入
・使いやすい商品，企画，開発

店頭で購入
・カタログが見やすい
・訴求ポイント，機能がよくわかる

商品を取り出す
・パッケージがあけやすい
・取扱説明書が読みやすい
・内容物の確認

使い始める
・スイッチが大きく押しやすい
・スイッチの役割がわかる
・操作順序が理解できる

使い続ける
・誰でも間違いをしない操作，安全性
・飽きないデザインスタイル

故障する
・TEL/FAX で相談できる
・サービス網
・交換の容易さ

廃棄
・環境に負担をかけない
・素材がわかる
・素材を分離できる

© OMRON Corporation 2005 All Rights Reserved

図 9.6 ユニバーサルデザインの事例：健康機器

商品ではワンタッチで腕に腕帯が巻ける上腕式血圧計（図9.7）や，手首に装着した血圧計を心臓の高さに合わせることにより自動的に血圧測定を開始する手首式血圧計（図9.8）など，形状の改良だけでなく，センシングの技術を活用したUD商品の開発も行っている。

公共機器の分野では，UDを実現させる手法として「ユーザー中心設計のプロセスづくり」を始めている。UDにはユーザーの視点が不可欠であり，ユーザー情報の分析やユーザー評価のしくみを製品開発プロセスの中に持っておくことが重要である。具体的には，製品開発の段階でモックアップモデルを用いた，実際のユーザーによる評価（ユーザビリティテスト）の実施がその一例である。福祉施設などの協力を得て，視覚・聴覚障害者，上肢・下肢障害者，高齢者，子供などを含めた幅広い被験者からのフィードバックをデザインや設計に活かし，ユーザビリティと顧客満足を向上させることを目標としている（図9.9）。

■デジタル自動血圧計
HEM-780 ファジィ
・巻きやすい新型腕帯を採用し，使いやすさを追究
・空気袋形状の改良により，加圧時の痛みを緩和
・静音化（従来比75％カット，43dB）

© OMRON Corporation 2005
All Rights Reserved

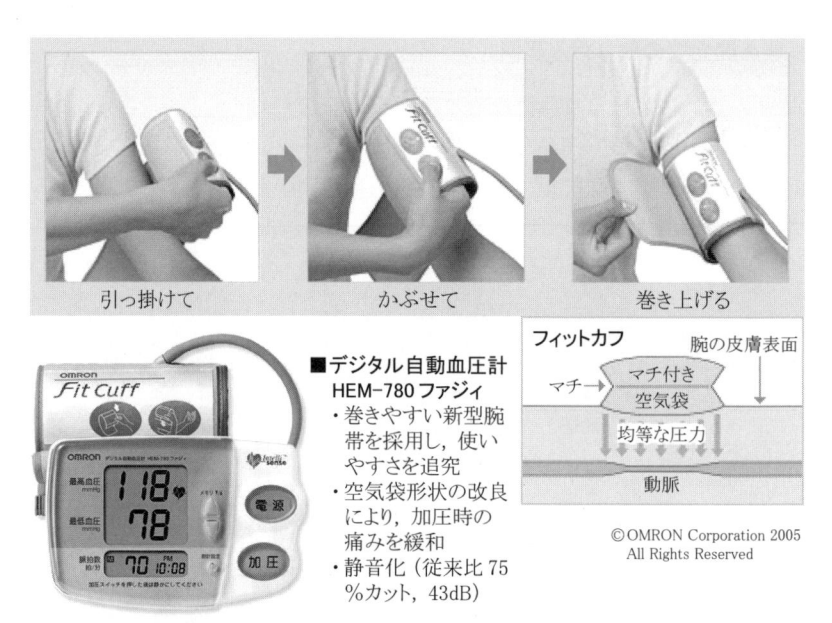

図9.7　ユニバーサルデザインの事例：上腕式血圧計

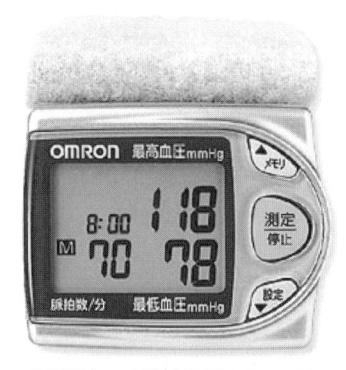

第9章　ユニバーサルデザインの推進活動　　**181**

■デジタル自動血圧計 HEM-650
血圧計を装着した部位を心臓の高さに合わせると自動的に血圧計測がスタートする機能を搭載

©OMRON Corporation 2005
All Rights Reserved

図 9.8　ユニバーサルデザインの事例：手首式血圧計

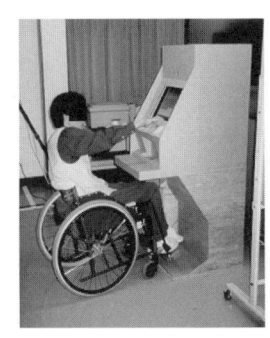

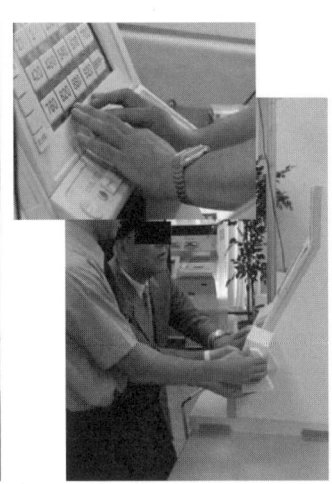

©OMRON Corporation 2005
All Rights Reserved

図 9.9　ユニバーサルデザインの事例：開発プロセス

視認性の高い金額ボタン
 金額ボタン：押下ミスを低減
 文字天地：可読性を考慮
 書体：視認性を考慮
 操作作法：経験を活かす

フィンガーナビゲーション
 接客パネル：手探り操作への配慮

わかりやすい投入口
 カード/紙幣/硬貨の投入口：識別性を考慮

入れやすい硬貨投入口
 間口：視認性などを考慮
 形状：巧緻性などを考慮

優しい造形（かたち）
 接客面各部：心理的緊張感を緩和

車いす用の蹴り込み
 足もと：車いす使用者の接近性に配慮

©OMRON Corporation 2005
All Rights Reserved

図9.10 ユニバーサルデザインの事例：自動券売機

　そのような活動の結果，図9.10のようなさまざまな改善を経て，「自動券売機V7」を発売した。
　また JR 東日本の非接触型カード「Suica」のシステムにも参画している。ユーザーの視点から見ると，自動改札機の大幅な操作性向上などもUDの事例となる。単体で券売機のUDを考えるだけでなく，「電車に乗って目的地まで行く」という一連の流れ，つまりシステム全体をどのようにUDとして捉えていくかが，これからは重要になってくると考えられる。
　FAの分野においては，たとえば製造現場の安全性は作業者の年齢・スキル・身体的特性（視力，聴力など）にかかわりなく考慮されるべきものであり，そのために製品やシステムがどのように設計されているべきかなど，UDの対象として関連性の高い領域である。製造現場における機器の操作性の向上は，安全性を高めると同時に，それによって機器操作習得のための学習時間が短縮されるなど，さまざまな効果をもたらす（図9.11）。

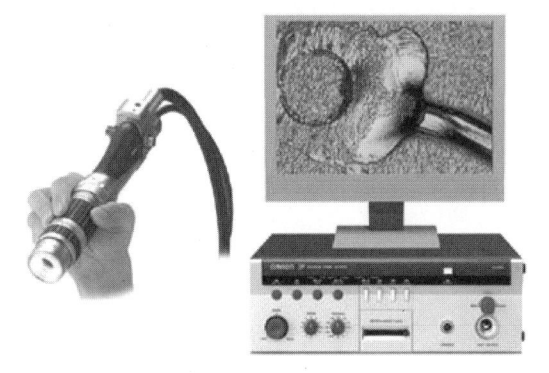

第9章　ユニバーサルデザインの推進活動　　183

■ネットワークデジタル
　ファインスコープ
　VC3000/3500

「研究者，開発者の機器
操作にかかわる負荷を
最小化する」ことをコン
セプトに開発

より多くの研究者，開
発者にとっての最適な
操作性の追求

©OMRON Corporation 2005
All Rights Reserved

図9.11　ユニバーサルデザインの事例：デジタルファインスコープ

（2）ユニバーサルデザインへの応用技術

またオムロンにはUDを支援するさまざまな技術がある。たとえば顔画像認識技術（図9.12）によるID認証はパスワード入力などの煩わしい作業から多くの人々を解放し，音声対話技術は機械に不慣れな人や目の不自由な人を含めた多くの人々に利便性をもたらす。また文字認識技術やRFIDによる非接触技術なども同様と考えられる。このような技術を精緻化し，具現化していくことは，UDの観点からも重要な活動であると考えている。

画像入力

UDを支える技術例
（顔認識技術）

©OMRON Corporation 2005
All Rights Reserved

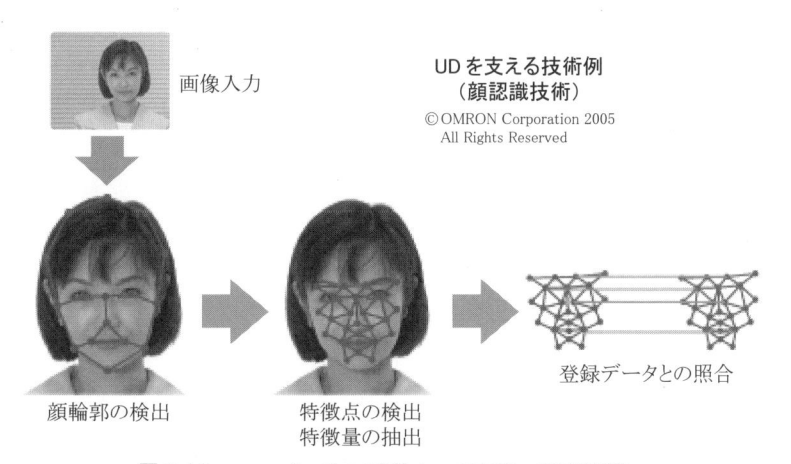

顔輪郭の検出　　特徴点の検出
　　　　　　　　特徴量の抽出

登録データとの照合

図9.12　ユニバーサルデザインの事例：要素技術

9.5　企業の社会的責任としての
　　　ユニバーサルデザイン

(1) 企業の社会的責任への取り組み

　IT技術の進展，経済のグローバル化，人口・資源・環境など企業を取り巻く経営環境の急激な変化の中，「企業の社会的責任（CSR）」は，ますますその質が問われる時代となってきた。単に利潤を追求するだけでなく，法令を遵守しながら消費者保護や環境保全，企業市民活動などを企業経営の中心に据え，グローバル規模で国家や社会や産業に貢献できる企業活動を行うことが重要になっている。

　オムロンでは創業者・立石一真が，企業の存在意義と使命を「企業は公器であり，社会に奉仕するために存在する」との考えのもと，社憲として1959年に『われわれの働きで　われわれの生活を向上し　よりよい社会をつくりましょう』というわかりやすい言葉にまとめ制定した。以来，オムロンは社憲の精神「企業の公器性」に基づいて，社会的責任を果たすよう企業活動を推し進めてきた（図9.13）。

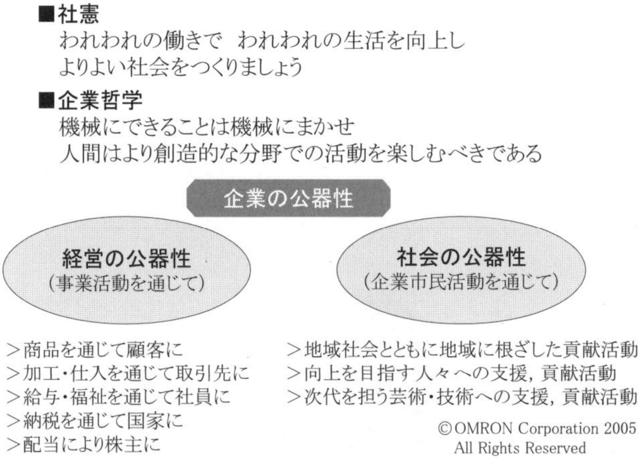

■社憲
　われわれの働きで　われわれの生活を向上し
　よりよい社会をつくりましょう

■企業哲学
　機械にできることは機械にまかせ
　人間はより創造的な分野での活動を楽しむべきである

企業の公器性

経営の公器性
（事業活動を通じて）
＞商品を通じて顧客に
＞加工・仕入を通じて取引先に
＞給与・福祉を通じて社員に
＞納税を通じて国家に
＞配当により株主に

社会の公器性
（企業市民活動を通じて）
＞地域社会とともに地域に根ざした貢献活動
＞向上を目指す人々への支援，貢献活動
＞次代を担う芸術・技術への支援，貢献活動

©OMRON Corporation 2005
All Rights Reserved

図9.13　オムロンの企業理念

（2）企業の社会的責任とユニバーサルデザイン

このように，企業の社会性がますます高まってきている中で，オムロンではCSR活動の一環としてUDへの取り組みを捉えている。UDに自ら積極的に取り組んでいくことが，広く社会に認められ，評価されることにつながっていくと考えている。

オムロンの経営の羅針盤とも言える「SINIC理論」では，30年以上も前に，2005年より工業社会から最適化社会に移行すると予測している。工業社会が物質的な豊かさをもたらす反面，未解決のまま取り残された環境，資源，エネルギー，産業廃棄物，安心，安全，福祉，健康，教育，人権などの「工業社会の忘れ物」を解決して，「個人と社会」「人間と自然」「人間と機械」など相対する概念や価値観がバランスを保ちながら融合するのが最適化社会である。

オムロンではこれからの最適化社会のニーズを「安心」「安全」「環境」と捉えている。このようなソーシャルニーズに対して，「人と機械のベストマッチング」をコンセプトにUDの理念を1つずつ具現化することで，単なる「点」としての活動ではなく「面」としての活動へ展開していく。このようにオムロンでは企業経営の視点から「デザイン」を広く捉えることで，企業としての存在価値を高め，社会発展へ貢献していきたいと考えている。

コラム　デザイナー資質考

　デザイナーは時々，日和見的な弱点を暴露することがある。エンジニアと話をするときには芸術家のような振舞いをし，感性的な表現を求められると技術やマーケティングのデータを持ち出して説明を始める。また，経営資源としてのデザインの重要性が叫ばれてからは，経営者としての手腕を期待されるケースも増えてきた。しかし，なかなか大企業の経営トップになるに至らず，リタイヤした例も少なくない。もちろん成功して現在も活躍しているデザイナーもいるが。自戒の念を込めて言うと，多くのデザイナーは高度経済成長の波に乗って便利屋として重宝がられ，有頂天になっている間に，経営資源となりうる知的ノウハウや処世術をうまく身につけてこられなかったのではないだろうか。

　その理由は日本でのデザイナー教育に起因するところがあるように思う。つまり，戦後の教育機関で，色や形の美しさを追求する学問領域は美術系の大学であった。しかも純粋美術とは一線を画し，産業界と密接な関係にあるデザインは，とりあえず職人養成のための技術を習得することを主眼にカリキュラムが組まれた。そして，大芸術家ほどではないが，そこそこのテクニックを身につけたデザイナーが高度経済成長の波に合わせて大量輩出され，大量生産・販売時代を支える担い手として活躍してきた。

　もう1つの理由は，デザイナーが意外に保守的であったことであろう。なぜならば，結果やプロセスを科学的に解明することをできるだけ避けてきた。「いままでにない新しいモノやコトを求める」ものの，一方では「浮世離れせず，社会に受け入れられるモノやコト」でバランスをとりながら解を出さなければならなかった。そのバランスとりの能力はデザイナーの個性として片づけてきた。そして「柳の下に2匹目のドジョウを見つける方法（科学的な原理究明）」についてもあまりあからさまにせず，治外法権を護ってきたように思う。

　しかし，いままでのデザイナーの歩んできた道や資質を全面的に否定しているわけではない。むしろデザイナーの持つ一見脈絡のない発想力と問題解決能力は，これからますます複雑化する社会における重大な意思決定の場面でも，おおいに活用していくべきものと考えている。　　〔竹末俊昭〕

10 グローバルデザインにおけるコラボレーション

松原幸行

10.1　グローバルデザインの現状

10.1.1　はじめに

　日本は世界でも有数の輸出大国であり、多くの日本製品が世界各国へ輸出され販売されている現在,「グローバルデザイン」という言葉はとくに新鮮でもないし, 多くの企業がすでに実践していることである。自動車メーカーや総合家電メーカーなど、世界企業と呼ばれる企業では、自らグローバルデザインを実践し、世界へ商品を供給している。こうした企業においては、いまさらグローバルデザインのマネージメントを見直すことなど必要ないかもしれない。しかし、これから世界へ進出しようとしている企業、あるいは、いままでの取り組みを変革しようとしている企業にとっては、いま一度グローバルデザインのあり方を確認し、自らのマネージメント方針や企業目標に合ったやり方を模索するのは意味のあることである。本章では、著者の体験を基にグローバルデザインの実践事例と問題点を示し、取り組みにおける課題の解決方法を考察していく。

　なお、ここでは「グローバルデザイン」を『世界市場に向けた、あるいは世界のユーザを意識したデザインの取り組み』という意味で使用している。したがって、日本市場向けにデザインした製品をロゴやカラーを変更しただけで、そのまま輸出製品とするようなやり方は「グローバルデザイン」とは呼べないし、改善のアプローチもまったく別になると考えている。しかしマーケティング上は、日本市場向けに先行販売した商品がその後輸出の対象となり、結果的に「グローバル商品」(世界に普及する商品) となることはありうるし、それ自体は否定されるものではない。しかし「グローバルデザイン」を標榜するからには、少なく

とも当初からグローバルな市場を見据え，さまざまなユーザの意識やニーズを理解し，グローバルな展開ができるデザイン解を創造していく必要があろう．

10.1.2　3つのアプローチ

「グローバルデザイン」には，いくつか異なる取り組み方があり，本来，企業目標やマネージメントシステム，またその時々の社会背景や経営の仕方を勘案し，最適な方法をとる必要がある．ここでは，便宜的に3つのアプローチに分類する．

1. 日本主導型
2. 海外のデザイン会社やデザイナー活用型
3. 海外デザイン組織とのコラボレーション型

以下，これら3つのアプローチに対するいままでの日本の取り組みを述べるが，1.はすでに多くの輸出型企業で行われているものであり，さまざまな機会にそのケーススタディーなどが例示されている．また2.についても，一時期のルイジ・コラーニ氏など，主にヨーロッパの著名デザイナーへのデザイン委託などが盛んに行われたのは，記憶に新しいところである．したがって，本章では3.の「海外デザイン組織とのコラボレーション型」に重点を置いて解説する．

(1) 日本主導型のグローバルデザイン

いわゆる輸出重視型企業と呼ばれる輸出売上が6割を超えるような，輸出依存度の高いデジタル・情報家電や自動車などを製造販売する企業は，デザイン開発においても自らのデザイン組織のデザイナー（インハウスデザイナーと呼ばれる）が中心となり，グローバルデザインを実践している．

可能な限り自社内の顧客情報や市場の声を吸い上げ，グローバルなニーズとしてデザインの与件に取り込むのはもちろんであるが，それで不足する場合は，海外の営業拠点や，自ら海外視察などを通じて，直接間接に市場や顧客の情報を把握し，デザインの与件として理解することになる．著者が過去に所属した企業（オーディオメーカー）でも，海外営業部門との定期的な会議などを通じて，その時々の市場や顧客の情報を確認していた．このような場合は，事前に作成したデザイン提案などをフィードバックし反応を見ることが定期的に行わ

れている。しかし海外の情報は，あくまでも営業部門を通じたいわば2次情報であり，さまざまな形で（営業の視点で）変換されている可能性が高い。とかく海外の営業部門は，海外マーケティングでイニシアチブをとりたがるものであり，それはやむをえない。

　こうした，いわばデザイン部門のジレンマを払拭する意味でも，トヨタ自動車などいくつかの企業では，デザインの分室（ブランチオフィス）そのものを海外に拠点化し，駐在員として定期的にデザイナーを派遣し，リアルタイムで市場や顧客の情報を入手している。デザインの海外拠点は，駐在員制度や交流のための出張などでモチベーションの向上が期待できるなど，人材育成の手段としても有効である。また，なんといっても，加工されていない生の情報（1次情報）を入手できることはたいへん大きな魅力である。しかし，たとえ輸出依存度の高い企業といっても，そのすべてが海外拠点を持てるわけではない。そこで，短期間の出張などを通じて，海外営業部門と独自のパイプを築くような工夫が行われている。日本主導型のグローバルデザインは，こうした努力の下，いかに世界の対象市場における顧客・市場情報をタイムリーに入手するかに最大の関心を払って取り組まれているといえる。真に実のある顧客・市場情報が入手できるかどうかが最初のハードルである。今日の日本の高いデザイン力をもってすれば，対象顧客・市場の情報を適切に把握しデザインの与件が整理されていれば，まず問題は生じないだろう。

　では，デザインの与件の設定が正しいとして，これに基づいて作成したデザインのコンセプトがうまく適合するか否かについてであるが，ここでもやはり，先の海外拠点や海外営業部門へフィードバックし，意見を求める方法が有効である。場合によっては，現地の調査会社を通じ，市場の受容度を評価するようなことも実施されている。

（2）海外のデザイン会社やデザイナー活用型のグローバルデザイン

　1980年代の後半，日本の家電・カメラ・オーディオ・文具など主要産業のメーカーの多くが，ヨーロッパの著名デザイナーやデザイン会社へ，製品デザインを委託した時代がある。ちょうど従前の機能一辺倒のデザインに飽食したこともあり，新たな息吹の導入を求め，ユニークな個性やデザインの方法論を重宝にした結果と言えなくもない。とはいえ，インハウスのデザイナーは自分たちや

国内のデザイン会社ではなぜだめか，という自問自答や反省がつねにあり，各メーカーのマネージメントは自前でデザインのブレークスルーを行う難しさを痛感したものだ。

　ここでの難しさとは，内部からブレークスルーできないジレンマもさることながら，これら海外のデザイン資源をいかにマネージメントするかという方法論が確立しないうちに，事が進んでいったということだろう。つまり，デザインのプロセスに依頼元がどういうタイミングで介入し，どうやって意思を注入するか，というマネージメントの実際のあり方がよく見えていなかったのである。介入が強すぎると，せっかくのユニークな良さが損なわれてしまう。高価な投資に見合うだけの期待する成果が得られないことを恐れ，多くの場合は主導権を放棄し，つまりやりたいようにさせたのである。表面上はそれがブレークスルーのためにはいちばん良いことのように思えたし，また周囲も（会社の上層部も）それを期待し容認した。しかしその陰で，インハウスのデザイナーたちの自尊心は大きく傷ついたのである。これが後に，モチベーションの低下となって現れ，その後この海外依存の流れはブームのように消えていった。

　最近ではむしろ，海外留学や海外のデザイン会社で勤務経験を積んだ日本人デザイナーたちが，新たな視点やアプローチをもって日本のグローバルデザインを先導している。企業の海外拠点での駐在を経て帰国したインハウスデザイナーなどもここに含まれる。ちょうど最初のケースに回帰した感じである。これらは大局的に見れば，我々日本人デザイナーが新しいデザインのコンピテンシー（Competency，競争優位の能力の意）を獲得したとも言えるものだ。もう以前のように海外の著名デザイナーやデザイン会社に依存することなく，従来からいるインハウスデザイナーとこれら新しいタイプのデザイナーたちがうまく融合しコラボレートすれば，自前でのデザインのブレークスルーはいつでも可能であろう。

　モチベーションの高さでも，この"海外勤務経験のあるデザイナー"は目を見張るものがある。これは当然で，異文化圏で海外のデザイナーと寝起きを共にした者の視野が広がらないはずはなく，自然とグローバルな視点でデザインをしようとする。自己の立場をIdentify，つまり確立し，周囲から認知されるためには，外国人のチームメートやマネージメントの支持を得ないわけにはいかないからである。実はここにこれからのデザイナー教育の根幹があるといえ

第10章　グローバルデザインにおけるコラボレーション　191

る．つまり大事なのは，『いかにして自己の視野を広げ，グローバルな視点を確保するか』に尽きることになる．なにもこれは「グローバル商品をデザインする」ためだけのものではなく，今日顕著になりつつあるデザインの役割の拡大そのものに対処するために，必要不可欠な要素であると言える．もはや造形力や表現力だけでは間に合わなくなっているのは明白である．教育については後で再度言及したい．

(3) コラボレーション型のグローバルデザイン

　同じく1980年代の終わりに，親会社である海外メーカーのデザイン組織と日本ブランチに組織されたデザイン部門との間で，共同作業という形でグローバルデザインが実践され始めている．このようなケースは，IBMやXeroxといった一部メーカーに限られるが，著者が経験したデザインコラボレーションの事例を通じ，実際の進め方と成果，ならびに問題点を解説する．

　著者は，富士ゼロックス株式会社（以下，Fuji Xerox）において，1987年からこのデザインコラボレーションにかかわり，2004年に会社を離れるまで第一線のデザイン現場で活動した経験を持つ．当初は担当デザイナーとして，後半はデザイン開発の現場マネージャーとして，である．

　ここで得たグローバルデザインの秘訣とは，デザイン力そのものよりもむしろ文化的な交流をいかに行うか，または互いに妥協に至らずWin-Winとなる『許容できる解』（英語ではMutual Acceptable Solution）をどう創りだすか，ということである．つまり課題はプロセスマネージメントをいかに行うかに尽きるわけである．もちろん，前者はかなりの部分を人に依存している．しかしこれとて，マネージメントの視点から後述の仕組みを導入することで対処可能である（10.2.2項(2)参照）．

　Xeroxのケースは1つの好例である．Xeroxは世界市場を3つのテリトリーに分割している．アメリカ大陸圏は米国Xeroxが，欧州圏はXerox Limitedが，そしてアジア圏の開発生産販売権はFuji Xeroxが担当しており，それぞれにデザイン組織を保有している．したがって日本独自のデザイン戦略も策定しマネージメントしているわけである．この分担を遂行する一方，時代の趨勢からグローバルデザインへの内外の期待が高まったことが背景にあり，Xeroxグループ内でのグローバルなコラボレーションを必要不可欠なものとしたわけである．Xerox

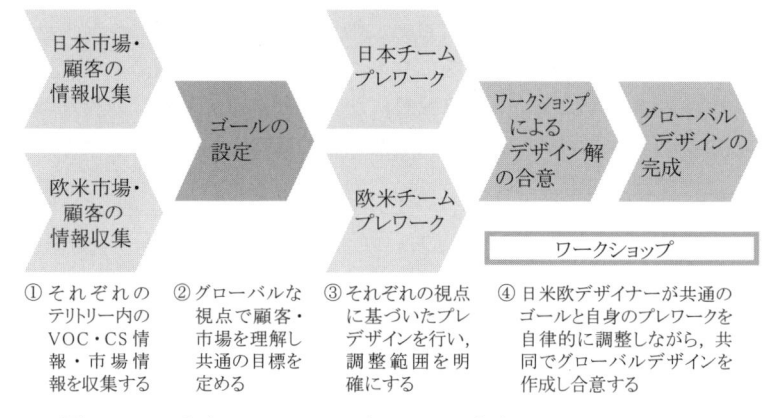

図10.1 日米欧チームによるグローバルデザインのプロセスモデル

（日本市場・顧客の情報収集／欧米市場・顧客の情報収集）→ ゴールの設定 →（日本チームプレワーク／欧米チームプレワーク）→ ワークショップによるデザイン解の合意 → グローバルデザインの完成

① それぞれのテリトリー内のVOC・CS情報・市場情報を収集する
② グローバルな視点で顧客・市場を理解し共通の目標を定める
③ それぞれの視点に基づいたプレデザインを行い，調整範囲を明確にする
④ 日米欧デザイナーが共通のゴールと自身のプレワークを自律的に調整しながら，共同でグローバルデザインを作成し合意する

でのグローバルなコラボレーションは大きくは図10.1のようなステップで行われている。

　ゴールの設定とは，グローバルデザインをどのレベルで達成するか，ということである。たとえば，Xeroxというコーポレートアイデンティティを製品デザインで具現化し世界に向けて発信しようとした場合，『Xeroxらしさの実現』がゴールとなる。またゴールを共に設定するためには，個々のテリトリーにおける顧客・市場の理解を世界レベルで一致させることが，必要不可欠となる。世界の顧客や市場がどうなっているか，という理解のしかたを合意するわけである。最終的には，ワークショップと呼ばれる活動が1つの山場となる。ここでの議論や判断要素が，顧客・市場に対する共通の理解であり，ゴールでもある。当然，意見のぶつかり合いもあるわけで，自己の主張を少しでも多く通すためにも，周到に準備されたプレワークを行うことが求められる。

　次項からは，コラボレーション型グローバルデザインの実際の活動と，その中で特徴的に現れた事象ならびにマネージメントのかかわりについて，具体的に述べていく。

10.1.3　グローバルな情報の入手

　まずデザインに必要な双方の市場・顧客の情報をどう入手し，また相互に理解し合うかが重要である。User Centeredな視点からは，まずは顧客の声（英

語では Voice of Customer，以後はその略語 VOC を使用）が最も重要である。以下ではこの点を中心に，VOC および表裏一体の関係にある顧客の満足（英語では Customer Satisfaction，以後はその略語 CS を使用）について述べる。

（1）アンテナの張り方

VOC も CS も，オフィスにいてはなかなか入手できない情報である。入手できるものは，現行製品に対するクレーム情報や顕在化している（時には営業の視点での要望も含まれる）市場・顧客のニーズなどである。デザイナーは，まずこの辺りから市場サーベイを行うと共に，社内イントラネットなどを活用しVOC の情報把握に努めなければならない。

VOC 情報の入手ルートはさまざまであるが，最大の情報源の１つは「お客様相談センター」に寄せられるクレームや問い合わせである。デザイン組織は，このお客様相談センターとのダイレクトなパイプを築くべきであろう。望ましい

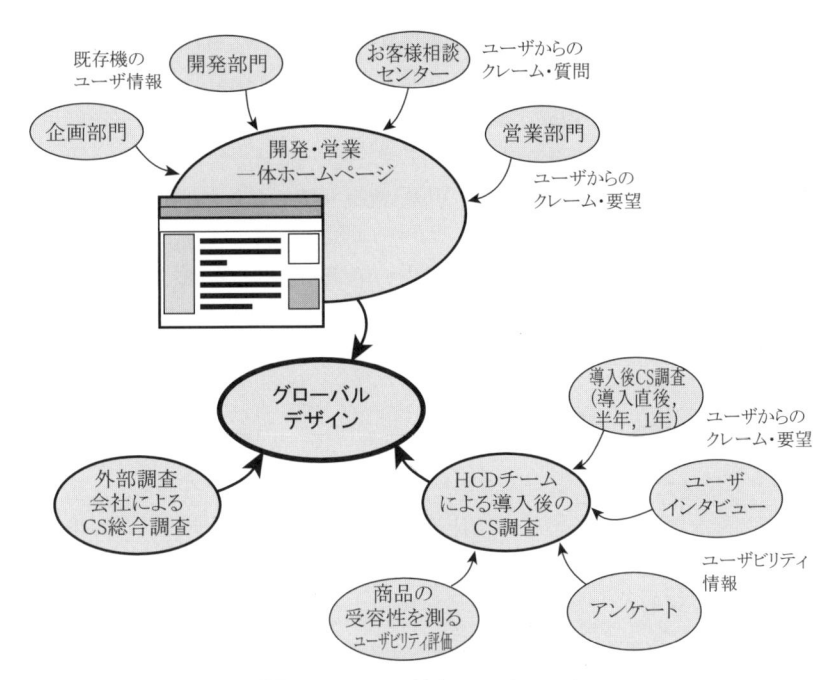

図10.2　VOC 情報の入手ルート

のは，電話応答が録音されたテープを入手することである。定期的にお客様相談センターを訪問し，問い合わせ応対の現場でのやりとりを聴取するのもリアリティがあり動機づけにつながる。少なくとも，お客様相談センターが発行する月度報告書などは熟読し，日々の顧客研究に生かすべきである。

　次に情報源として重要なのは，営業部門とのパイプである。顧客先と毎日接触している第一線の営業マンが VOC 情報を持っていないはずがない。新たなデザイン提案や改善案については，できるだけ早い時期にそれを開示し，営業サイドの反応を見るようにすべきである。ただし，第一線の営業担当者は知りえた情報を自らの営業活動に使用する懸念があるので，営業企画や販売推進など営業サイドのスタッフ部門との交流に限るなど，デザイン・企画情報の流布に対する留意が必要である。これを満たすならば，営業サイドとの交流は VOC 情報の入手という意味では意義が大きい。

　HCD（Human Centered Design，人間中心設計の意）のプロセスを回す仕組みができている企業では，通常のプロジェクトの下に HCD チーム* が稼動している。このチームが中心となり，顧客情報を集中的に集めることも可能である。また，開発チームと営業チームが各々の要望や課題解決状況を共有する自律的な動きがあると効果的である。Fuji Xerox ではイントラネットを活用してこのような目的のサイトを社内で運用している。開発や営業の情報はホームページ上でいつでも閲覧可能であり，VOC 情報もタイムリーに掲載され，日常的に活用されている。

　以上の情報源は主に，入手しやすい国内の情報を述べたものであり，グローバルデザインのためには，これと同じような海外の情報入手が不可欠である。このためにコラボレーターとの連携が重要となる。

(2) 海外 CS や顧客の声の把握

　日本から見れば，海外における CS や VOC を把握し理解することは，生やさしいことではない。顧客のニーズは仕事や文化・習慣のコンテキストの中で存在しており，価値観や感性の違い，さらにはコンテキストそのものが違う人間同士では正しい理解ができない場合があり，ゴールの設定を自分たちの都合の

---

*HCD チーム：企画開発・GUI デザイン・顧客研究部隊・市場アナリスト・ユーザビリティ専門家などがチームを組織し，人間中心設計プロセス（ISO-13407 など）に基づいた活動を行う。

良いように収めてしまうかもしれない．この危険を回避するためには，やはりそれぞれの立場で顧客のニーズをまず解釈し，この後，グローバルデザインのゴールをコラボレーターと調整合意することが望ましい．これがグローバルデザインのプロセスモデル（図10.1）の2ndステップに相当する活動である．このステップにおいて顧客・市場のニーズに対する理解を深め，ゴールの設定をスムーズに行うためにも，双方で一義的に行うVOCやCSの調査方法そのものも，事前にコラボレーターと合意しておくべきである．

10.1.4　コラボレーション型のアプローチ

（1）コラボレーション型アプローチの特徴

　コラボレーションを取り入れたグローバルデザインのアプローチで鍵となるのは，ワークショップと称される専門家によるFace to Faceの会議である．
　このワークショップ開催のタイミング，参加メンバー，ならびに事前のプロセスの良し悪しが活動の成否を決めるとも言える．Xeroxは，担当デザイナーと上司である現場マネージャー，および部門マネージャーの3者で参加することを基本としている．ホスト側はさらに臨時で応援のデザイナーを招集するので，数名のデザイナーが加わり，したがって，総勢10名前後が一堂に会するこ

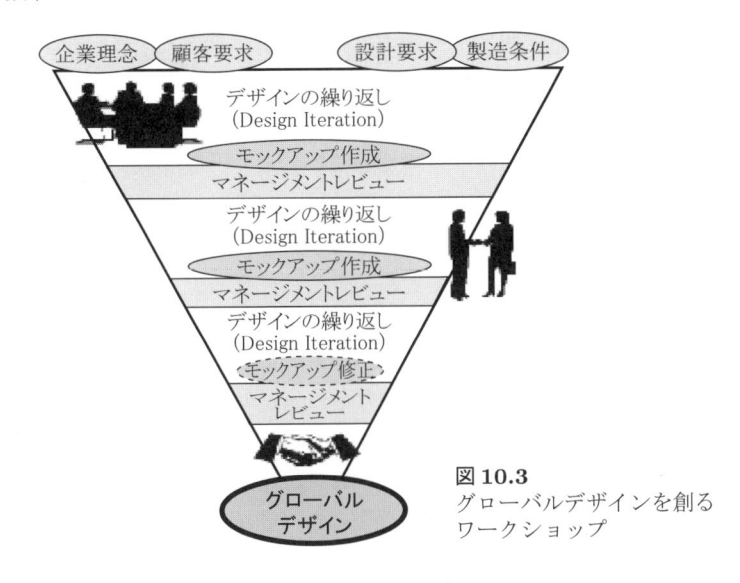

図10.3
グローバルデザインを創る
ワークショップ

ととなる。経費は，開催地を日本と米国で交互に設定しワークショップを行ったとして，海外出張費やモデル作成費などで人件費を除いても年間数百万円程度を要する。しかし駐在員を派遣することを思えば経済的であり，短期間でグローバルデザインが作り込めることを考えると安上がりである。また，文化を異にする専門家同士が一堂に会して共通のゴールに向かって協業するには，それ相応のエネルギーや語学スキルが必要である。ようするに人・物・金がかかる。したがってこのアプローチを採用するには，組織運営上も戦略的な取り組みにならざるをえない。新商品シリーズの導入計画や既存商品の大規模改訂時期に合わせて，新たな戦略の策定や戦略の見直しを世界規模で行うことが，マネージメントとしての大方の動機である。もちろん，現場マネージャーや担当デザイナーの専門能力を伸ばす契機としても期待できる活動である。戦略に関係する取り組みだけに，国内向けのデザインとの調整や問題発生のリスクマネージメントも欠かせない。そのような視点から，次に，最大の問題と思われる国内デザインとのコンフリクトについて言及する。

（2）国内デザインとのコンフリクト

　日本が輸出を主体としたビジネスを行っているといっても，すべての商品が対象となるわけではなく，いわゆる「グローバルデザイン」を期待されるわけではない（著者は将来への保険的な意味からも，グローバルな視点で全商品をデザインすること薦めるが）。中には国内単独の製品もあり，これは自国内で自己完結できるデザインである。これに反してコラボレーション型のグローバルデザインでは，日欧米チームによる協業形態を基本とするため，終始自己完結的に物事が判断できるわけではない。時としていわゆるダブルマネージメントに陥り，現場のデザイナーは混乱することになる。
　とくに，国内向けデザインとして比較的自由にデザインし決裁してきた従来のプロセスと異なることから，マネージャー・担当者ともに自己抑制的な取り組みを強いられることになる。グローバルな視点と国内にのみ目を向けた視点が同質なはずはなく，両者を自律的に調整する過程で，チームメンバー全員がマネージメントの視点を持った整合を自発的に行う必要がある。たとえば従来，「丸いカタチ」を良しとし"形態的な整合"を目指していたものが，「ソフトでフレンドリーなカタチ」に変わる必要を意味している。つまりこの場合，いかに

第10章　グローバルデザインにおけるコラボレーション　　**197**

形状的なコンフリクト

〈意味的な整合〉で
コンフリクトを
解消する

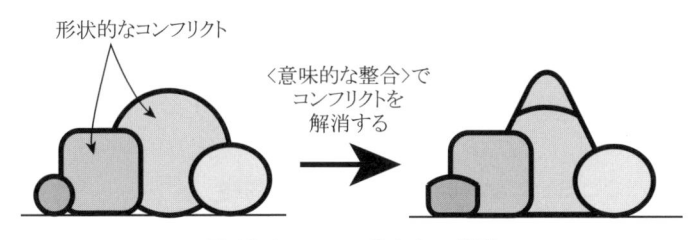

図 10.4　コンフリクトの解消

"意味的な整合"へ発想を転換できるかである。

　もちろん，従来から意味的な整合を主体としている場合は，この解釈の変更は不要となる。コンフリクトはそれほど大きな問題とはならず，寛大な理解をもって，自部門内にも受け入れられる。しかし前述した通り，従来からの路線を変更する戦略的な取り組みであればあるほど，コンフリクトの問題は顕在化することになる。

(3) シナジー効果

　しかし，自己抑制や軌道修正という一見ネガティブな状況は，マイナス面だけではなくプラスの面も同時に存在する。第1は，ステークホルダーズの要請でもある「グローバルデザイン」が主体的に開発できるということがある。「グローバルデザイン」の達成が社内の要請である場合は，その要請に応え，責任を果たせるわけだ。これは社内の信頼を得る意味で非常に重要である。第2に，異なる文化や価値観を持つパートナーと共に仕事をすることで視野が広がり，独善的なデザインにならずに済む。自分のデザインを異なる視点で見るということは，第三者の視点を持つことと同義であり，顧客志向の観点を獲得することにも通じる。第3に，効果の最大化とでも言おうか，各々の得意な部分でイニシアチブを発揮することで，自部門の能力以上のデザイン組織力を発揮することができる。Xeroxのケースでは，米国チーム内のモデルショップでモックアップをスピーディに内作でき，木曜日の夜に作成開始し次の月曜日にはマネージメントレビューできるような体制が可能となった（図10.6参照）。これなど日本では非常に難しい対応であり，短期間で中身の濃いコラボレーションを実現できた原動力となったことは事実である。

以上は，シナジー効果のほんの一例として顕著なものを紹介したものである。この他，コラボレーションにはさまざまなシナジーが存在し，これを最大化するのもマネージメントの仕事である。

（4）グローバルコミュニケーション対応能力の問題

　同じデザイナーという職種に従事し利益を共有する者同士といえども，コミュニケーションの基本が会話であることには変わりはない。そしてコラボレーションの中で使われる言語は概ね英語である。開発担当者間のコラボレーションで，ましてデザインという専門性のある分野に適した人材という意味からも通訳の確保は難しく，そこに当事者の最大のジレンマがある。著者の経験では，ワークショップなどで最低限の会話ができるレベルは，TOEICで500点ほどを1つの目安として，英会話のスキルを磨いた方がよい。折衝を有利に行うためには，主な交渉を直接担当するマネージャーで600点程度は期待したいところである。しかしここでは，単なる英会話力ということではなく，"グローバルコミュニケーション対応能力"という視点で能力を身につける必要性について述べる。

　文化・習慣のコンテキストが異なるパートナーとの良好な関係づくりは，このグローバルコミュニケーション対応能力を双方が身につけていることが鍵となる。たとえば我々は，「シンプルな」とか「フレンドリーな」というようなカタカナ英語をよく使う。しかしこれらの言葉が，そのまま通じるという保証はない。むしろそうでない場合の方が多い（この2つについて言えば難しい）。デザインの質を表現するこれらの言葉は，論理的に説明するよりも，デザインの事例などを紹介しつつ説明する方がよいであろう。ユーザインタフェース用語

図10.5
ワークショップ風景

などについても同様である。日本人であればまったく疑いを抱いていない半分を示す「0.5」であるが，ヨーロッパの国の多くは「0,5」とピリオドの代わりにコンマを使用する。また，よく総数2ページの文書の1ページ目を分数表記で「1/2」とするが，米国ではつねに「1 of 2」である（1/2は0.5としか理解しないようである）。

要はこちらの常識をそのまま持ち込むのではなく，まず懐に入る覚悟が必要である。そうした中で価値観やら判断基準を1つ1つ確認しながら互いの都合や考え方を理解し合うことが，グローバルコミュニケーションとして必要である。

10.2 デザインとマネージメントの実践

本節では，実際のデザインワークの進め方とそのマネージメントについて述べる。

10.2.1 活動の枠組み

コラボレーション型アプローチの活動でまず重要になるのは，活動主体がデザイン品質を統括する組織同士であるかどうかである。コラボレーションの締めくくりとして合同のグローバルデザインレビューを行い，その場で最終案を即決できる権限を有するデザイン組織のマネージャーが参加することが重要である。その意味では事前に経営層や上層部のマネージメントとも調整し，活動の意義と必要性について理解を得ることも必要不可欠である。これらステークホルダーズの理解は，グローバルデザイン合意後の国内での受け入れをスムーズにし，製品導入を遅滞なく進めるための原動力となる。デザイン組織のマネージャーの関与のしかたは，会議への直接の出席が望ましいことは言うまでもないが，やむをえない場合は，テレビ会議などで遠隔地から参加してもよい。ただしその場合は，レビューに現場マネージャーを同席させ，直接の判断を委譲しつつ，連帯決済の形をとるようにしなければならない。担当者へ判断を任せるのは酷であるからだ。活動主体の次に重要なのは，活動の山場となるワークショップの実施と，事前に行うプレワークの成否である。中でもプレワークはワークショップでイニシアチブをとれるか否かを決めることにもなり，事前に自部門として譲れない部分とコラボレーションの中での裁量に任せてよい範囲

をよく検討し，確認しておくべきである．その際に，前述の『戦略上のコンフリクト』などを考慮し，ある程度落としどころを見極めておくことも必要である．

（1）ワークショップ

なぜワークショップという形態を採用するかというと，相手国の顧客・市場を知っているコラボレーター（ここではXerox社のデザイナーを想定）にダイレクトに意見を求め，調整できるからである．互いがデザイン品質を統括する組織同士という意味でも，直接の折衝は意義がある．ワークショップは，概ね図10.6のような進め方で行われる．

ここで「モックアップ制作」という活動が2回含まれているが，デザインしたその場でモックアップを作成し，具体的にグローバルデザインの方向性を確認できる意義は大きい．著者の経験では，Xeroxの部門内のモデルショップと社外のモデル会社が土日に作業を分担して作成し，月曜日の朝一番でアッセンブリーしていた．土日の作業で経費はかさむが，デザインしたその場で見られる（On-Demandな）体制は魅力である．またここでもやはりモデルショップと社外モデル会社とのコラボレーションが重要であることにも言及しておく．

またプレワークで制作したモックアップは，ワークショップの冒頭で相互に

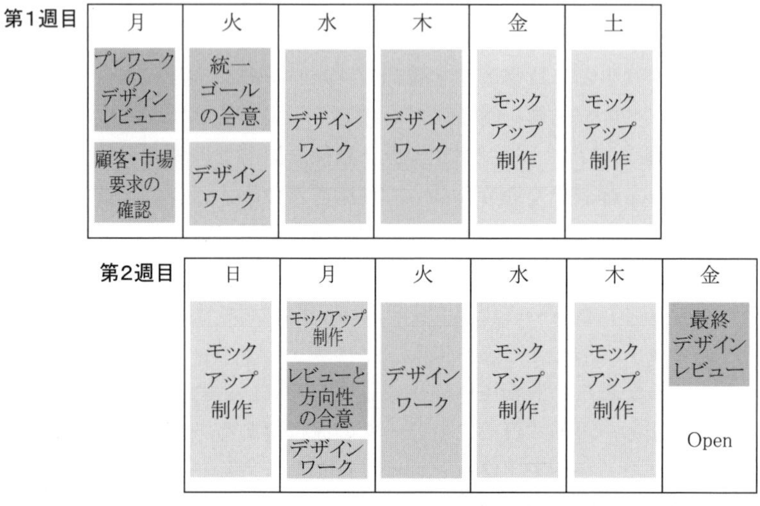

第1週目	月	火	水	木	金	土
	プレワークのデザインレビュー	統一ゴールの合意	デザインワーク	デザインワーク	モックアップ制作	モックアップ制作
	顧客・市場要求の確認	デザインワーク				

第2週目	日	月	火	水	木	金
	モックアップ制作	モックアップ制作	デザインワーク	モックアップ制作	モックアップ制作	最終デザインレビュー
		レビューと方向性の合意				
		デザインワーク				Open

図10.6 ワークショップの進め方の例

第10章　グローバルデザインにおけるコラボレーション　　**201**

デザインレビューを行う。このためプレワークは，モックアップの輸送リードタイムも見込んだスケジュールにすべきである。2週間のワークショップで合計3回のデザインレビューを行う。ここでのプレゼンテーターは担当デザイナーである。次に他の参加デザイナーや担当マネージャーが所感を述べる。最後にデザイン部門のマネージャーが合意見解を表明し，方向づけしていく。最終レビューは後がないわけであるから，両部門マネージャーの見解表明の前に，マネージャー同士のクローズドセッションが行われることもある。最後はマネジメントによる責任のある判断が必要なわけである。

(2) モチベーションの向上

　コラボレーションに参画する現場マネージャー，担当デザイナーのモチベーションは，未知の仕事の当事者となる状況に直面することで動機づけられる。いままで蓄積してきた情報やデザインの知識やノウハウ，折衝力や自己のマネジメント能力などが試されると共に，異なる感覚や判断基準，価値観などとの間で試行錯誤する。このような状況へ身を置くことと，新しい観点でエポックメイキングなデザイン提案を行うという役割が，デザインのモチベーションを高める最大の要因であろう。モチベーションの向上は，このような『状況と役割の任命』によるところが大きい。コラボレーション型アプローチを採用する背景には，このようなマネジメントの視点も重要であり，Fuji Xeroxでも高い成果をあげている。確かに駐在経験なども同じような効果が期待できるが，多人数を一度に数年のレベルで派遣するのは困難である。その点，欧米デザイン組織とのコラボレーションであれば，一度の海外ワークショップに2人から3人を派遣できる。日本に招いてのワークショップであれば，さらに多くのメンバーを関与させることも可能である。このような機会を設け，つまり状況を作り役割を与えて当事者として担当させることで，人材育成という側面での効果も期待できるわけである。

(3) ゼネレーション戦略の取り組み

　10.1.4項において，グローバルデザインは『新たな戦略の策定や戦略の見直しを世界規模で行うことが，マネジメントとしての動機』と述べたが，ここにコラボレーション型アプローチを採用する最大の意義もある。

とかく戦略の変更や新規イメージのブレークスルーには大きなリスクが伴う。顧客の嗜好やライフスタイル動向，市場の変化について，自部門の動員だけでグローバルな調査を行うことは負担が大きく，とかく机上の議論になりがちである。外部のデザインシンクタンクへ調査を依頼する手もあるが，経費の点，また調査そのものの意図を伝え難い点などで，リスクが大きいことが難点である。そこで海外デザイン組織とのコラボレーションを通じて，効率よく情報を集約し共に読み取ってしまう，というやり方が有効な手段の1つとなりうるわけである。

海外のデザイン組織との調査のコラボレーションを通じた顧客・市場の情報集約と理解は，グローバルデザインの最初のステップとなる。活動の最初は，それぞれの顧客・市場に特化した調査になるが，『ゴールの設定』のところで，共通の価値観による顧客・市場ニーズの定義，戦略のスタンスなどを確認・合意する。調査はコラージュなどのイメージパネルの形でまとめられる。VOCデータなどは分析を加えたものを用意し，解釈しやすいような表にまとめておけば，将来社内での説得などの際に活用できる良いツールとなる。

Xeroxでは，ゼネレーション戦略のコアイメージとなる『Xeroxらしさ』の顧客イメージ動向を日米欧で合同して行っている。顧客や経営層にとって何がXeroxらしくて，何がそうでないか，膨大なイメージ素データをスクリーニングし，数回にわたり顧客・経営層の反応を得ながらその結果を調査・解析した。この情報を基に，先の「ワークショップの進め方（図10.6）」で示した『ゴールの設定』を行うため，ミニワークショップを実施している。仮合意したものを社内にフィードバックし，日米欧の相違点と一致点を確認しながら，プレワークと平行して社内コンセンサスの調整も行っている。

(4) ユーザインタフェースのコヒーレンス

機器の操作パネルなど，ユーザインタフェース（以下，UI）のグローバルデザインの場合はもう少し複雑で，世代で変化させるという前に，機種間の統一や従来機の操作性改善など，不整合を克服しながら多様化する機能への対応が求められる。XeroxではこれをCoherence UI（統一的調和を持ったUIの意）と称し，グローバルなデザインの取り組みを行っている。ここであえて『共通』とは言わず『統一的調和』と言っているのは，日米欧間の文化・習慣や機器の

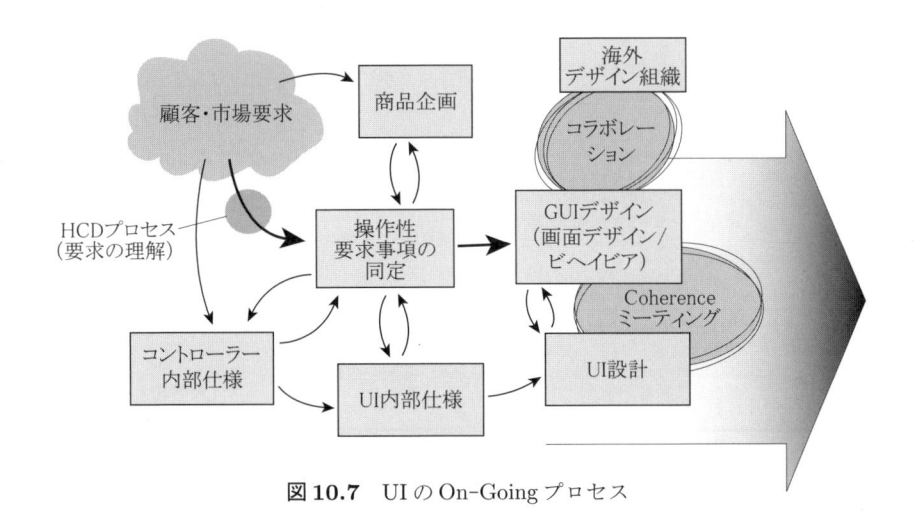

第10章　グローバルデザインにおけるコラボレーション　　**203**

図 10.7　UI の On-Going プロセス

使い方の違い，あるいは機能そのものの違いからくる異なる操作性により，おのずと異なるUIとなるからで，『共通なUI』は目標としては適さなくなるからである。UIは『操作環境を統一する1つのスタイル』を実現することを目的とし，「スタイルガイド」というものを作成する。「スタイルガイド」と「ガイドライン」の違いは，前者はスタイル，つまり様式を整えることを目指しており，詳細な具体策は担当デザイナーに委譲するような仕組みになっていることである。つまり「ガイドライン」のような厳格な規定は意図していないわけである。厳格でないということは自由裁量の部分があるということであり，これがまた揺れを生じる原因となり，当初の『統一的調和』という狙いからそれる可能性もある。Xeroxでは「Coherenceミーティング」という会議体を設け，この揺れを随時調整しながらUI仕様を決定している。UIはこのような，走りながらの作り込み（On-Going Implementation）のプロセスマネージメントが求められる。

10.2.2　コンピテンシーの獲得

（1）文化的な交流

　グローバルデザインを推進するために，まず必要となるコンピテンシーは「グローバルコミュニケーション対応能力」（10.1.4項(4)参照）である。これなく

表10.1 グローバルデザインに必要なコンピテンシー
（通常のデザインにおけるコンピテンシーは含まず）

コンピテンシー	定義	必要なレベル (レベル3)
グローバルコミュニケーション対応能力	文化・習慣の違い，ひいては異なる価値観や判断基準を乗り越えて意思の疎通を図り，価値を共有し，互いに信頼を醸成できる能力。デザイン意図や最終案の説明を，プレゼンテーションやTV会議，電話，メールなどを通じ英語で行う。 （関連項目） 異文化コミュニケーションスキル，プレゼンテーションスキル，ワークショップスキル，デザイン英語スキル	協業相手のデザイナー・マネージャーを説得できるレベル （英語力はTOEIC 500点以上）
グローバルデザイン戦略策定能力	グローバルな視点で顧客・市場情報を収集・活用し，デザインの新機軸を企画・展開し，戦略を策定できる。また，ステークホルダーズ（組織内・上位マネージメント・経営層・顧客の代表，など）の理解を得て戦略を確立できる。 （関連項目） グローバルなデザイン動向把握スキル，折衝力，プレゼンテーションスキル，デザインの専門能力	主担当者として業務を推進できるレベル （戦略案をまとめ，提案し，承認が得られる）
論理デザイン展開力 (UIデザインのみ)	グローバル市場の顧客ニーズ・使われ方から導き出される操作性の要求事項を，新機能・新サービスの要求として同定できる。またGUIスタイル（画面デザインやビヘイビアなど）を，UI設計者や機能仕様設計者との調整を経て具現化できる。 （関連項目） 仕様書作成スキル，論理的思考力，プロトタイプの作成スキル，HCDプロセスマネージメント能力	主担当者として業務を推進できるレベル （新機能のダイアログ仕様書を作成し，導入できる）

◎コンピテンシーレベル
　レベル1：興味のあるレベル
　レベル2：指導を受けながら完遂するレベル
　レベル3：主担当として業務を推進できるレベル（英語はTOEIC 500点以上）
　レベル4：業務全体を統括しリードできるレベル（英語はTOEIC 600点以上）
　レベル5：該当業務領域で規範となるレベル（英語はTOEIC 800点以上）

しては，期待通りの成果をあげることは，まず不可能である。自己の価値基準や理解を押し付けては相互に信頼が醸成されるわけはなく，対立の構図しか生まれない。相手の懐に入り，なぜ自分と違う発想をするのかを，身をもって会得して初めて相手を理解できる。これはそのまま自分に返ってくるわけで，そういう中でしかグローバルに良好な関係は作りえないであろう。

しかし，この能力だけでグローバルなコミュニケーションが成立するわけではなく，やはり相手を思いやる優しさや親しみやすい感性を持つ方が，なにかとスムーズにいくようである。英語でいうAttitude（態度，姿勢の意）が重要なわけである。

さらに，グローバルなデザイン戦略を策定するにあたり，戦略策定そのものもグローバルな視野で企画・展開できる能力が必要となる。世界のデザイン動

向や社会動向の変化を読み取る感性や情熱など，コンピテンシーとしては示せない基本的な素養も重要となる．

(2) 仲裁（行司役）の介入とマネージメントレビュー

文化的な交流で人に依存せざるをえない部分への『マネージメントの視点での仕組みの導入』についてはすでに言及した（10.1.2項(3)参照）．1つには商品コンセプトを把握しマーケティング要求に精通した企画担当者を仲裁役として参画させることである．Xeroxでも初期の段階で，企画部門のマネージャーをワークショップに同席させている．不慣れなコミュニケーションを補い円滑な折衝を支援する意図もあるが，最も重要な役割は，異なる視点や考え方で対立しがちなデザイン部門同士の間に立ち，商品企画の立場から適切な助言を提供することである．仲裁者が商品戦略としてグローバル商品を目指した新たなデザイン戦略の展開を期待していることが前提となるが，グローバルデザインのワークショップへの介入は，企画としてもニーズに合致する合理的な活動となる．この意味でも，グローバルデザインのプランの段階から企画部門とよく協議し，取り組み方について理解を得ておくことが重要となる．

(3) 日常のコミュニケーション

プレワークの過程などで行われるデザイナー間の日常の交流であるが，互いをよく知るためにはTV会議が適している．Face to Faceの会議を行うことが何といっても理解の早道だからである．しかし通信費もかさむことから，最近では，外部の電子私書箱へ多地点からアクセスするような"トランク形式"の電話会議もよく行われている（Teleconferenceと呼ばれる）．UIのように文書での検討が主体となる場合は，事前に資料などを交換しておいて，スピーカーフォンを使用した電話会議が手軽である．しかし，英語での会話になるため，英会話の心得がないとなかなか難しいことも事実である．

10.3 今後の課題と展望

コラボレーション型のアプローチは，グローバルデザイン以外にも，たとえば国内の複数企業で行う共同研究，またはデザイン開発などへ応用可能である．

これまでも「東京デザインネットワーク」や「CRXプロジェクト」など，いくつかの成功事例がある。とかく成果の方が注目されがちだが，プロセス面での工夫やマネージメント方法などももっと公になってもよいと考える。基本的には，本章で示した手順や取り組み方で対処可能であり，多くの企業が分野を問わず活発にコラボレーションをすることが期待されるところである。

コラボレーション型のアプローチを採用する際の1つの障害となるのが，コストであろう。3名を米国へ出張させるとなると，プレワークでのモックアップ制作費や輸送・渡航費で，1回数百万円が必要になるものと思われる。年間数回のワークショップ開催となると，その数倍の経費が必要である。しかし考えてみれば，海外の著名デザイナーへ委託した場合，委託費は1000万円を超えるケースもある。また，デザイナーを米国駐在員として派遣すると，それ以上の経費がかかる。いずれにしても計画外での吸収は困難であろう。これに比較すれば，米国出張による数百万円の出費は計画外での吸収も可能となり，負担は少ないといえるであろう。

このことからも，予算立案の段階から準備を周到に行い，戦略予算の確保など，全社の取り組みとすることが肝要である。

今後新たに試みられる，あるいはその可能性があるコラボレーションの形であるが，世界市場で得意分野を持つ複数の成熟企業による，より高次なグローバルデザインが行われるであろう。情報のシンクタンクなどともコラボレートしつつ世界規模で情報入手・解読・デザイン展開する方法の開発や，成熟したデザイン開発能力を駆使したプレデザイン，さらに，海外勤務経験を持つ高いグローバルコミュニケーション対応能力を備えたデザイナーやマネージャーが核となり，Advancedなテーマでデザイン提案が行われると思われる。すでに情報家電や携帯電話端末などでは，その息吹が垣間見えており，「コラボレーション」という対話のスタイルで真にグローバルなデザインのあり方を語れる日がすぐそこまで来ているといっても過言ではない。

【参考文献】

[1] ISO (1999) "ISO 13407 : Human-centred design processes for interactive systems"
[2] 尾上晏義，中村一章，松原幸行，他7名：「ユーザーの立場に立ったOA機器のユーザーインタフェース」の成果発表，日本人間工学会第38回大会，およびテクニカルコミュニケーター協会シンポジウム，1997.

索　引

【あ】
アイデアスケッチ　129
アイデアの創出　137
アイデンティティ　142
アイデンティティ戦略　40
アウトソーシング　106, 118
アシスト　166
アシスト得点　170
アシスト部門　167, 170, 171
新しい価値　159
アドバンスデザイン　124
アフォーダンス　126
アメリカ軍　162
アメリカのデザインパテント　95
アルバイト　163
アルミダイカスト　131
案内サイン　159

【い】
意識改革　165
意思決定　32
意匠権　77
意匠権の活用　87
意匠権の効力　87
意匠室　160
意匠登録の無効　90
意匠登録を受ける権利　81
一元管理　164
委任契約的なデザイン契約　83
イノベーション　30
イベント　172
イベント企画　172
インカムアプローチ　39
インダストリアルエンジニアリング　162
インターナルブランディング　171
インターネット関連業務　163
インハウス　99, 106

【う】
請負契約的なデザイン契約　83
請負実績　172
売上計画　161
売上原価　161
売上得点　170
売上の相殺　162

【え】
営業支援工数　167
英国のブランニュー政策　36
園芸用品　160

【お】
大阪デザインセンター　134
屋外ショールーム　172
オーソライズ　168
オーディオ機器　168
オムロン　173
親会社　162
温故知新　129
温湿度計　160
オンリーワン企業　136

【か】
会社定款　161
外注費用　164
開発オリンピック　170
開発革新運動　168, 169
開発革新ゲーム　171
開発グループ　170
開発支援工数　167
開発スピード　164
外部デザイン関連会社　162
外部流出費用の削減効果　162
街路照明灯　160
学術的性格の図形　92
画材　164

可視化業務　14
カスタマイズ　166, 167
仮説　164, 165
価値　161
各国特許独立の原則　94
活動状況　166
家庭用はかり　160
稼動工数　169
株主　171
カラー舗装材　159
カラーリング　126
感覚的思考　169
感覚的評価　169
官需　159
完成度　164
ガンチャート　162
感動　128
関連意匠制度　86

【き】
機械化　163, 164, 168
企業イメージ　124
企業価値　174
企業間格差　165
企業経営の視点　10
企業コンセプト　124
企業の公器性　177
企業の社会的責任　184
企業ブランド　29
技術研究部門　167
技術屋　122
機能　161
機能分社　159
機能分社会社　170, 171
基本設計　167
給与　169
業績アップ　169
業績目標　166
共同でデザインを創作　83
業務　161
業務委託契約書　161
業務目標　166
共有化　168
業容の拡大　162, 163, 172

勤務体制　101
金利　165

【く】
クオリティー　163
グッドデザイン　140
グッドデザイン賞　131, 133
クライアント　164
グラフィックデザイン　124
クリエイティブ　163, 168
グループ会社　162
クレーム　167
グローバルデザイン　187

【け】
経営会議　161, 165
経営資源　165
経営戦略　165
経営理念　159
計画書　166
景観資材　160, 172
景観性　172
計数感覚　164
計測器　160
経費　165
契約社員　163
ゲゼルシャフト　18
桁美装材　159
決裁事項　161
ゲマインシャフト　18
ゲーム　169
減価償却費　165
研究業務　14
研究施設　172
顕在化　128
検証　17, 172
現状分析　166
建築著作物　92
権利侵害の警告　90
権利侵害品の発見　89
権利の実施　87
権利の譲渡　88
権利の濫用　90

索 引

【こ】
合意形成　162, 165, 169
合意形成スピード　164, 172
公園資材　160
公開　100, 109, 110, 119
工業上利用性　84
工業デザイン　29, 153, 166
貢献度　111, 114
工数分析　167
構造改革　159, 163
構造化コンセプト　16
構想設計　124
交通安全資材　159, 172
工程管理　162
公平性　170
高欄　160
高齢化　175
顧客のニーズ　123
コスト　161
コストアプローチ　39
固定人員　163
コーポレートアイデンティティ　40, 124
コミュニケーション　32
コラボレーション　187
コンカレントエンジニアリング　168
コンジョイント分析　44
コンセプト　123
混同惹起行為　92
コンピテンシー　190
コンピューター　163, 163
コンピューターネットワーク　162, 164
梱包資機材　160
根本精神　136

【さ】
採算資料　164
採算性　164, 165, 168
最終デザイン　78
最小システム　164
最適化社会　176, 185
裁量　168
サイン　124
作業スペース　164
差止請求権　89

雑務　163
サーバ　164
サービス　7
サラリーマン根性　129
産業財産権　37, 77
残渣アプローチ　39
賛否両論　171

【し】
市街地整備　160
時給　104–106
事業計画　161, 165, 169, 171
事業部門　161, 170
事業方針　166
事業マインド　171
試験走路　172
自己評価　103, 110, 169
試作費　164
市場導入　166
システム管理　162
システム系デザイン業務　14
自責　167
施設園芸資材　160
実績分析　166
質の評価　102, 108, 111, 114
実務工数　168
実用新案権　77
実労働時間　101, 105, 107
指導育成　116
自動化　163
シナリオ　165
視認性　172
指標　169
私服勤務　168
シミュレーション　165
シャープ　171
住建生活・産業　159
集合体　172
修正計画　161
住宅部材　160
重点戦略　166
重要実施項目　166, 169
樹脂ブロー成形品　133
受賞資格　170

受注得点　170
商業デザイン　29
詳細設計　167
商標　36
商標権　36, 77
商品化権　93
商品形態模倣行為の禁止　91
商品ブランド　29
情報収集能力　129
情報分析能力　129
賞与　102, 104, 106, 169
職務上作成する著作物　82
職務上創作したデザイン　81
職務等級　103, 108, 110
職務発明　82
新規性　84
人件費　165
人工芝　160
真骨頂　124
人事考課　164, 168
人事考課表　169
真珠湾攻撃　162
新製品開発　166
新製品発表会　172

【す】
垂直分業　21
水平分業　21
数値化　100
数値目標　171, 172
スキルの育成　154
スケジュール　162
スタッフ部門　171
スピード　164
スペース・アンド・ストラクチャー　160
スマイルデザイン　146

【せ】
成果評価　102, 112, 114
税関　90
生産工程　162
生産工程管理　162
生産性　163, 164, 166
生産設備　164

静止画出力　164
成長戦略　165
性能確認試験走路　172
製品売上額　166
製品階層　39
製品初期管理システム　166, 167
積水化学　167
積水樹脂　159
責任業務範囲　166
責任業容範囲　166
責任範囲　166, 167
世間相場　161
施工性　172
絶対評価　104, 108–110
設備投資　165
設備能力　164, 166
先願主義　84
潜在ニーズ　128
全社業務　15
専務直轄　160
専門スキル　152, 153
専用実施権　88
戦略管理　162

【そ】
造形　166
創作性　84
装飾建材　160
創造サイクル　78
創造性　128
相当の対価　82
組織　149
組織構造　32
ソーシャルマーケティング　173
ソフト　162
ソリューション業務　15
損害の額の推定等　89

【た】
耐久性　172
ダイヤモンド・コア・ドリル　134
ダイヤモンド社　165
太陽電池製品　159
大容量メモリー　164

索引　211

多元的チェック　104
他責　167
タッチポイント　42
妥当性確認　17

【ち】
チェックシート　110
チェーン巻き取り機構　133
知識経営　165
知識専門家　33
知識創造　165
知的財産基本法　78
知的財産権　36, 77
知的財産戦略本部　78
チーム　149
チームでデザインを創作　83
チャレンジ課題　169
チャレンジシート　169
中間工数　167, 169
中国の意匠特許　96
中小企業庁長官特別賞　131
抽象的　169
調査業務　14
著作権　77
著作権法で保護できるデザイン　92
知力経営　165

【つ】
通常実施権　88

【て】
提案業務　15
定性的　169
定量化　166
定量効果　161, 168
定量的価値　172
定量的管理　166, 168
定量的評価　171
定量表記　169
適正価格　161, 162
出来高　161
テクノロジスト　172
テクノロジーセンター　161
デザイナー　161, 166, 169

デザイン　13
デザイン会社　162, 172
デザイン開発　124
デザイン管理　147
デザイン機能会社　159
デザイン機能組織　160
デザイン業務　13, 161, 163
デザイングループ　170
デザイン契約　83
デザイン研究　149
デザインコンサルタント　140
デザインコンサルティング　147
デザインコンセプト　78
デザインサービス　147
デザイン事業計画　161, 165
デザイン資産　11
デザインセンター　143, 161
デザインチーム　149
デザインデータベース　81
デザインの効用　13
デザインのリーダー　152
デザイン評価会議　103, 111
デザイン部門　159, 161, 163, 165, 168
デザインプログラム　139
デザインプロセス　15, 142, 165
デザインポリシー　177
デザインマインドカンパニー　165
デザインマネージメント　9, 29, 139, 146, 159
デザイン料　104, 106
デザインレビュー　201
デザインワーク　163
デジタル化　163
手摺関連製品　160
データベース　161
データベース化　163, 168
デバイス　164
店舗什器　160

【と】
道具　164
統合製品開発　142
導入システム　165
道夢道　172

道路資材　172
道路・都市環境　159
道路標識　159
独自性　128
特別評価　102, 111, 114
都市デザイン　160
トータルデザイン　131
特許強化策　78
特許権　177
特許権の権利行使の制限　90
特許を受ける権利　81
トップマネージメント　33
ドラフター　164
トンネル内装板　159

【な】
内国民待遇　94
ナレッジ　162
ナレッジワーカー　172
難易度　108, 109

【に】
二次的著作物　92
日本軍　162
日本産業デザイン振興会　131
日本ブランド　79
人間科学部門　20
人間工学　166
人間中心設計　8, 194
人間中心のデザイン　140

【ね】
ネットワーク　162
ネットワーク管理　162
ネットワーク工程表　162
年収　169

【の】
納期目標　166, 167
農業資材　160
能力アップ　169
能力開発目標　169
ノーネクタイ　168

【は】
パイオニア　165
パース　164
バスシェルター　160
バッファ　162
バブル　163
パリ条約　94
販売促進活動　164

【ひ】
ビジネス　162
ビジュアルアイデンティティ　40
ビジュアルデザイン　153
美術工芸品　92
美術的著作物　92
一橋大学　165
評価　155, 172
評価基準　168
評価業務　14
評価項目　170
評価システム　100, 101, 104, 113, 115, 116
評価のステップ　103
評価の問題点　99
評価プロセス　155
評価割合　103
標準化　163
標準的工数時間　105, 107

【ふ】
ファクター　162
フェンス　160
フォーマット　166
付加価値　170
不正競争防止法　77
部分意匠制度　85
不法行為　89
部門戦略　166
部門方針　166
プラン　164
ブランド　79, 125, 141, 145, 174
ブランドアイデンティティ　41, 145
ブランドエクイティ　38
ブランド価値　38
ブランド構造　44

索引 **213**

ブランドコンセプト　43
ブランドデザイン　145
ブランドの接点　42
ブランドマネージメント　45
フレキシブルな組織　19
プレゼンテーション　170
フレックス勤務　168
プレミアム価格法　39
プロ　105, 111, 118
プロ意識　129
プロジェクト　162
プロセス　100, 101, 111, 112, 146, 151
プロセスマネージメント　191
プロダクトアイデンティティ　41
プロダクトアウト　123
プロダクトデザイン　121, 166
プロダクトデザイン業務　162
プロテクター　131
プロパテント策　78
分業化　21
分社　159, 170, 171
分社化　163
分社機能会社　162
分社効果　171
文房具　164

【へ】
ベクトル　169
ペーパーレス化　163

【ほ】
防音壁　159
防護柵　159
方針管理　167, 169
方針管理計画書　168
冒認出願　94
ポジション　169
ボトルネック　162
ホリスティック法　44
本給査定　102
本社開発費　161
本社研究開発　166
本社研究開発部門　160
本社費　106

【ま】
マーケットアプローチ　39
マーケットイン　123
マーケットプランニング　152
マーケティング　123
マトリックス　149
マネージメント　29, 99–103, 109, 111, 163
マネージャー　31
漫画のキャラクター　93

【み】
ミドルマネージメント　33
未来予測　165
民需　159

【め】
名誉　171

【も】
目標管理　100, 112
目標期間　166
目標金額　106
目標時間　105, 107, 108
目標達成率　169
目標による管理　168, 169
モチベーション　26
モノづくり　127
物干用品　160

【ゆ】
優先権制度　94
ユーザーエクスペリエンス　143
ユーザー研究　152
ユーザーセンターデザイン　141, 142, 144
ユーザーの体験　142
ユーザー評価　153
ユーザビリティテスト　180
ユーザリクワイアメント　5
ユニバーサルデザイン　6, 145, 174
輸入禁制品　91
輸入禁制品に係る申立て手続等　91
輸入差止申立制度　90

【よ】
予算計画書　161
予算枠　104, 114, 115

【ら】
ライセンス契約　84, 88
ラウンドフォルム　131

【り】
利益計画　161, 165, 169, 171
利益計画書　161
リスク　164
リスク回避　162
リスクマネージメント　165
立証　164
リードタイム　162
量産試作評価　167
量の評価　102, 104, 106, 107, 114, 117

【る】
類否判断　80
ルール　170

【れ】
連結　164
連結視点　162
レンダリング　129, 164

【ろ】
労務費　165
ロゴマーク　124
路面標示材　159

【わ】
ワークショップ　192
ワークステーション　164
私の輝きカード　171

【アルファベットなど】
2D-CAD　164
3D-CAD　164
BI　41
CAD　129, 164
CG　164

CI　40, 124
CRXプロジェクト　206
Design Management　9
DR　166, 168
DR3　167
DR4　167
DR6　167
DTP　163
EU意匠規則　94
EWS　164
FMラジオ　168
Gマーク　170
Gマーク制度　79
Gマーク40年スーパーコレクション　132
ISO 9001　168
OA化　168
PDCA　101, 119
PI　41
QCD　118
SAS　160
SINIC理論　176, 185
UDの指標　178
UEデザイン　153
V&V評価　17
validation　17
verification　17
VI　40
VOC　193

【編・著者紹介】

山岡俊樹　（やまおか としき）編，第1章
　　1971年千葉大学工学部工業意匠学科卒業，東京芝浦電気（株）入社，1991年千葉大学自然科学研究科博士課程修了，1995年（株）東芝デザインセンター担当部長，1998年和歌山大学システム工学部デザイン情報学科教授（学術博士）

嵯峨　昇　（さが のぼる）第2章
　　大阪府産業デザインセンター　主任研究員

井口博美　（いのくち ひろみ）第3章
　　（株）イード SDM（戦略的デザインマネジメント）コンサルタント，武蔵野美術大学教授

森　則雄　（もり のりお）第4章
　　特許庁審判部　審判長

鈴木　進　（すずき すすむ）第5章
　　セイコーエプソン（株）デザインセンター

玉置英樹　（たまおき えいき）第6章
　　レッキス工業（株）デザイン部　部長代理

山崎和彦　（やまざき かずひこ）第7章
　　日本IBM UEデザインセンター　部長

松村　章　（まつむら あきら）第8章
　　積水樹脂（株）デザイン室長，（株）積水樹脂デザインセンター　代表

貝﨑　勝　（かいざき まさる）第9章
　　オムロン（株）経営企画室

松原幸行　（まつばら ひでゆき）第10章
　　松原HCDデザインオフィス　代表

竹末俊昭　（たけすえ としあき）コラム
　　拓殖大学工学部工業デザイン学科　教授

ISBN4-303-72726-1　デザインセクションに見る創造的マネージメントの要諦

2005年8月1日　初版発行　　　　　　　　　　© T. YAMAOKA 2005

編著者　山岡俊樹　　　　　　　　　　　　　　　検印省略
発行者　岡田吉弘
発行所　海文堂出版株式会社

　　　本　社　東京都文京区水道2-5-4（〒112-0005）
　　　　　　　電話 03(3815)3292　FAX 03(3815)3953
　　　　　　　http://www.kaibundo.jp/
　　　支　店　神戸市中央区元町通3-5-10（〒650-0022）
　　　　　　　電話 078(331)2464

日本書籍出版協会会員・工学書協会会員・自然科学書協会会員

PRINTED IN JAPAN　　　　　　　　　印刷　田口整版／製本　小野寺製本

本書の無断複写は，著作権法上での例外を除き，禁じられています。本書は，（株）日本著作出版権管理システム（JCLS）への委託出版物です。本書を複写される場合は，そのつど事前にJCLS（電話03-3817-5670）を通して当社の許諾を得てください。

図 書 案 内

デザイン知財マネジメント
—デザイナーのための知的財産立国入門—

糸井久明 著
A5・200頁・定価(本体2,300円＋税)
ISBN4-303-72735-0

知的財産発展途上国であった日本が迎えようとしている知的財産立国の時代に、インダストリアルデザイナーはどのような役割を果たしうるのか。デザイン知財の核とも言うべき意匠権を柱とした工業所有権活用の戦略的手法を解説した、異色のデザイン実務書。

感性工学シリーズ1
商品開発と感性

長町三生 編
A5・260頁・定価(本体2,800円＋税)
ISBN4-303-72391-6

最近の感性製品の事例を中心に、感性の測定や感性から設計へ至る過程および統計手法の使いかたなどをわかりやすく記述。新しい手法である「ラフ集合論」の感性工学への応用についても多くのページを割いている。

感性工学シリーズ2
デザインと感性

井上勝雄 編
A5・288頁・定価(本体2,900円＋税)
ISBN4-303-72392-4

「成功するデザイン」に求められる重要な視点について、工学的なデザイン方法論の実践を行ってきた日本感性工学会のメンバーが解説。ユニバーサルデザイン、環境への配慮、デザインのデジタル化その他、幅広い内容で、大学・企業におけるデザイン教育の良いテキストとなるだろう。

ラフ集合と感性
—データからの知識獲得と推論—

森 典彦・田中英夫・井上勝雄 編
A5・200頁・定価(本体2,400円＋税)
ISBN4-303-72390-8

日本語で書かれた最初のラフ集合の本。第1章はラフ集合の考えかたを数学的表現をできるだけ抑えて平易に解説。第2章はラフ集合ソフト(別売)の使用法を解説。第3章から第6章は事例研究を紹介。第7章と第8章は応用に関する理論編。

デザイン支援システムの構築と運用
—工業デザインにおける
　感性工学的アプローチ—

萩原祐志 著
A5・144頁・定価(本体1,800円＋税)
ISBN4-303-72725-3

工業デザインにおける「形と色に関する計画と設計」を支援するDSS(デザイン支援システム)の構築方法と運用例を紹介する。DSSは工業デザイナーが本来の能力を発揮する手助けをし、またユーザー参加型デザインを促進する。工作機械、油圧ショベル、携帯電話などのデザインへの適用事例を示す。

表示価格は2005年7月現在のものです。
目次などの詳しい内容はホームページでご覧いただけます。
http://www.kaibundo.jp/